KB117647

돈의 연금술

돈의 연금술

데이브 램지 | 고영훈 옮김

THE TOTAL MONEY MAKEOVER

다산북

거울 속 자신을 마주할 용기를 냈던
위대한 모든 분에게 이 책을 바칩니다.

이 책을 먼저 읽은 해외 독자들의 찬사

통장 잔고는 바닥난 채 카드 대금에만 신음하는 제 모습이 지긋지긋해 이 책을 집어들게 되었습니다. 돈이 도대체 어디로 가는지 완전히 미스터리였죠! 그리고 결론적으로, 이 책은 한 달 만에 우리의 모든 것을 바꿔주었습니다. 나는 절망했고, 막막했고, 노후가 두려웠지만 이 연금술을 배우고 나자 이제 제 앞에는 밝은 미래가 기다리고 있습니다. 이 책에는 그 어떤 찬사를 보내도 지나치지 않습니다.　　　　　　　－ Janell Michaels

데이브 램지는 누구나 경제적 자유를 거머쥘 수 있게 해주는 천재적인 연금술사입니다. 심지어 그의 연금술은 돈뿐 아니라 우리의 인생에도 올바른 길을 알려줍니다.

　　　　　　　　　　　　　　　　　　　　　　　　　　　　　　－ Candy

경이로운 책. 쉽게 읽히는 데다가 연금술사가 되는 데 성공한 이들의 이야기가 곳곳에 들어 있어 저도 돈의 연금술사가 될 수 있다는 자신감을 얻을 수 있습니다. 저는 이 책에 완전히 빠져 있었습니다. 경제적 자유를 얻고 싶은 모든 이들에게 이 책을 적극 추천합니다.　　　　　　　　　　　　　　　　　　　　　　　　－ Jimmy M.

저는 이 책을 몇 년 전부터 알았지만 읽는 건 시간 낭비라고 생각했습니다. 항상 제가 돈에 대해 아주 잘 안다고 생각해왔기 때문이지요. 그러나 돈의 연금술을 배우고 제 시각은 완전히 바뀌었고, 전 아마도 머지않아 이걸 다시 한번 정독할 것 같습니다. 이 책에는 당신의 인생을 올바르게 이끌어줄 경이로운 이야기들이 가득합니다. 그중에서도 가장 좋았던 건, 여기에 나와 있는 경험담들 대부분이 저소득층의 증언이었단 것입니다! 그들이 빚에서 벗어날 수 있다면, 그건 누구나 할 수 있는 일이란 뜻이죠!

　　　　　　　　　　　　　　　　　　　　　　　　　　　　－ Carlee Bollin

20대 때 이 책을 읽었다면 얼마나 좋았을까! 아니면 10년 전, 아니 최소 5년 전이라도! 그랬다면 제 인생은 지금 완전히 달랐을 것입니다. 제가 이 책을 읽은 건 불과 1년 전 이지만 제 인생은 벌써 바뀌기 시작했습니다. 그의 이야기는 비단 미국에만 국한되지 않습니다. 돈의 연금술은 세계 어디서든 통할 것입니다. 이 책을 진심으로, 온 마음을 다해 추천합니다.

- Cornelia Luethi

진부한 말 같지만 "이 책을 읽고 내 인생이 바뀌었습니다." 이 책을 읽으며 "그래, 맞아"라고 맞장구칠 수도 있지만 몇몇 부분은 지루한 설교처럼 느껴지기도 할 것입니다. 하지만 그가 얼마나 훌륭한 돈의 연금술사인지는 부인할 수 없지요. 이 책을 읽고 나면 당신은 돈에 대해 이전과는 확연히 다른 관점을 갖게 될 것입니다. 그리고 그 관점이 바로 성공의 열쇠입니다. 당신이 데이브 램지를 좋아하든 싫어하든, 이것 하나만큼은 확실합니다. 그가 말하는 7가지 돈의 연금술은 모두 정답이라는 것 말입니다.

- CrazyDad3

저는 약 1년째 데이브 램지가 말하는 '7가지 돈의 연금술'을 따라 하고 있습니다. 돈의 연금술은 간단하고도 매우 실용적입니다. 전 지금 빚더미에서 빠져나오고 있고, 경제적 자유라는 결승선에도 점점 가까워지고 있어요. 전 제가 부자가 될 거라고는 꿈도 꾸지 못했습니다. 그러나 이는 잘못된 생각이었어요! 적어도 '돈'에 관해서는 제 운명을 쥐락펴락할 수 있게 되었습니다. 제 어휘력으로는 그가 말하는 돈의 연금술이 얼마나 효과적인지 전부 표현할 수 없어 아쉬울 따름입니다.

- Heather Clausen

| 일러두기 |

1. 본문의 괄호 안 글 중 옮긴이가 독자들의 이해를 돕기 위해 덧붙인 글에는 옮긴이 주로 표시했다. 이 표시가 없는 글은 저자의 글이다.

2. 본문에서 언급하는 단행본이 국내에서 출간된 경우 해당 제목으로 표기했고, 출간되지 않은 경우 원제를 직역하고 원어를 병기했다.

3. 단행본 제목은 겹낫표(『 』), 영화 및 방송 프로그램 제목은 홑낫표(「 」), 잡지 및 신문 제목은 겹화살괄호(《 》)로 표기했다.

4. 본문 중 달러화 뒤에 표시한 원화는 독자들의 이해를 돕기 위한 대략적인 금액으로, 1000원 단위에서 반올림했다. 원화 대 달러 환율은 빠른 이해를 위해 1달러 당 1000원으로 환산했다. 같은 금액이 한 페이지 내에서 반복되는 경우 처음 등장할 때만 병기하고 뒤에는 생략했다.

5. 외래어 표기는 국립국어원 외래어 표기법을 따랐다.

인생을 변화시킬 준비가
되어 있는가?

오래전 나는 우연한 계기로 한 가지 소명을 발견했다. 사람들에게 빚과 돈에 관한 진실을 일깨워주고, 경제적 자유를 누리게 해줄 희망과 그 방법을 전해주는 것이다. 나는 이 소명을 위해 내가 알고 있는 것들을 정리해 책으로 출간했고, 더 많은 사람에게 전파하기 위해 라디오 프로그램을 시작했다. 그 결과 내 첫 번째 책은 《뉴욕타임스》 베스트셀러에 올랐고, 라디오 프로그램은 30년 가까이 미국 전역으로 방송되고 있으며 현재까지도 매주 수백만 명의 돈 문제를 해결해주고 있다. 또한 '파이낸셜피스대학교Financial Peace University 교육 프로그램'을 만들어 돈의 주인으로 거듭나는 법을 강의하고 있으며, 지금까지 수백만 가구가 이 프로그램을 이수해 경제적 자유를 손에 넣었다. 그리고 마침내 내 모든 활동의 완결판인『돈의 연금술』을 출간했다.

경제적 자유를 얻는 데 지식의 영향은 고작 20%에 불과하다. 나머지 80%를 좌우하는 것은 바로 '행동'이다. 각종 SNS와 인터넷 사이트에는 돈에 관한 지식이 넘치고 우리 대부분은 이를 잘 알고 있다. 하지만 정작 자기 돈을 어떻게 관리하고 불릴 수 있는지 그 실천 방법은 잘 모른다. 이런 모습을 보면서 나는 '경제적 자유'에 대해 조금 다르게 생각하게 됐다. 심지어 재무관리사들조차 고객이 잘 이해하지 못할 것을 알면서 어렵고 복잡한 수식을 계산해 그저 수치로만 보여주곤 한다. 단언컨대 경제적 자유는 그런 것으로 절대 이룰 수 없다.

경제적 자유의 시작은 '거울 속 당신'을 통제하는 것이다.

경제적 자유는 지식을 습득할 때가 아니라, 당신이 발 벗고 나서서 실천할 때 비로소 가까워진다. 부를 쌓는 일은 어려운 수학 문제 풀기처럼 많은 공식을 필요로 하지 않으며, 작은 행동만으로도 충분히 이룰 수 있다.

『돈의 연금술』이 전 세계적으로 700만 부 가까이 팔리며 엄청난 호응을 얻은 건 내가 '부자가 되는 진귀한 비밀'을 발견해서가 아니다. 그간 아무도 말하지 않았던 획기적인 사실을 알려주어서도 아니다. 내가 깨달은 부의 진실이 너무나 단순했기 때문이다.

'돈의 진정한 주인이 되려면 먼저 나부터 변해야 한다'는 것이다.

바로 이러한 깨달음에서 『돈의 연금술』이 시작됐고, 세계적인 반향을 불러일으키며 그 효과를 입증했다. 그러니 먼저 당신의 삶을 변화시켜야 한다. 당신의 삶이 변화할 때 빚으로부터 자유로워지고, 사라지지 않는 부를 축적할 수 있으며, 올바른 투자도 할 수 있다. 심지어 이 모든 과정은 놀랍도록 빠를 것이다.

이 책에는 복잡한 수식이나 마법 같은 방법 따윈 없다. 오직 변화된 삶이 있을 뿐이다. 여기에는 실제로 7가지 돈의 연금술을 단계적으로 수행해 삶을 완전히 변화시킨 평범한 가족들의 모습이 담겨 있다. 삶을 바꾸려 노력할 때 삶은 정말로 바뀌기 시작한다.

이 책의 출판을 제안받았을 때 나는 매우 기쁘고 설렜다. 이 책을 읽는 독자들이 간단한 법칙을 실천하는 것만으로도 삶을 변화시킬 수 있으리라 확신했기 때문이다. 어두컴컴한 긴 터널의 끝에 밝은 빛이 기다리고 있다는 희망은 우리에게 상상 이상으로 강한 힘을 불러일으킨다.

기발한 돈 관리 방법을 소개하지도 않았는데 이 책이 세계적으로 인기를 얻은 이유는 무엇일까? 아침을 깨우는 알람 소리에 기다렸다는 듯 몸을 움직이는 것처럼, 많은 사람이 실질적인 돈 관리 방법에 목말라 하고 있었기 때문이다. 열심히 일하는데도 경제적인 문제로 힘겨워하는 사람이 많다. 이들은 누구보다도 부지런히 일하며 삶이 바뀌기만을 고대한다. 이 책은 이런 사람들에게 삶을 바꿀 수 있다는 희망을 주었다. 지금껏 7가지 돈의 연금술이 수백만 가정에 희망을 전해왔던 것처럼, 이 책이 당신에게도 돈 걱정과 싸워 이길 수 있는 힘을 줄 것이다.

『돈의 연금술』은 평범한 우리 모두를 위한 책이다. 나와 같은 고소득자도, 이제 막 사회생활을 시작한 사람도, 예전의 나처럼 빚더미에 눌려 파산한 사람도 이 책의 도움을 받을 수 있다. 7가지 돈의 연금술은 아주 단순하지만 당신을 변화시키는 자극제가 될 것이다. 다시 말하지만 이는 내가 만들어낸 것이 아니며, 지극히 상식적이지만 그 누구도 제대로 지키지 않는 것들이다. 내가 정리했을 뿐, 라디오, TV, 책, 강연, 인터넷, 팟캐스트를 통해 만난 수백만 명의 삶을 관찰한 결과물들이다.

물론 처음 이 연금술을 사람들에게 알려주기 시작했을 때는 그 효과에 대해 지금과 같이 확신하진 못했다. 이 원칙들을 통해 나와 내 아내가 파산을 극복하고 경제적인 성공을 이루었는데도 말이다. 하지만 지금은 완전히 다르다. 돈의 연금술을 배우고 실천한 수많은 사람의 눈에서 우리가 경험한 것과 똑같은 희망과 감사의 마음을 보았다. 내가 그들에게 검증된 방법을 전해주었을 뿐만 아니라 그들의 인생을 바꾸도록 영감을 주었다는 사실에 오히려 내가 더 큰 감사함을 느낀다.

나는 7가지 돈의 연금술이 당신의 삶을 변화시킬 것이라 자신한다. 이 방법을 알면서도 실천하지 않는 사람이 있으면 견디지 못할 정도다.

자, 당신도 수백만 명의 사람들처럼 인생을 변화시킬 준비가 되어 있는가?

회오리바람에는
칠면조도 날 수 있다

어렸을 적 할머니는 나를 무릎에 앉히고 여러 동화를 들려주셨다. 그때 들었던 동화 중 하나가 『아기 돼지 삼 형제』였다. 모두 알다시피 이 동화는 아기 돼지 삼 형제가 각각 밀짚, 잔가지, 벽돌로 집을 짓는다는 이야기로 시작된다. 빠르지만 엉성하게 밀짚과 잔가지로 집을 지은 첫째 돼지와 둘째 돼지는 벽돌로 느릿느릿 힘겹게 집을 쌓는 셋째 돼지를 비웃었다. 그러나 휘몰아친 비바람에 두 형제 돼지의 집은 허물어져버렸고, 벽돌로 튼튼하게 지은 셋째 돼지의 집으로 피신할 수밖에 없었다. 비록 지을

땐 힘이 들고 속도도 나지 않았지만, 벽돌로 지은 셋째 돼지의 집은 어떤 폭풍우가 닥쳐도 끄떡없었다. 반면 나머지 아기 돼지들은 집과 함께 모든 것을 잃어버리고 집을 튼튼하게 짓지 않았던 것을 뒤늦게 후회했다.

2008년, 경제 위기라는 폭풍우가 미국과 전 세계를 강타했다. 이때 튼튼한 토대 위에 견고하게 집을 지은 기업만이 살아남았고 나머지 기업들은 모두 파산했다. 잘못된 고위험 투자를 감행하고 마치 밀짚과 잔가지처럼 위태위태한 부채로 목숨을 연명하던 기업들은 과거의 영광을 잃고 온데간데없이 사라졌다.

이때는 기업뿐 아니라 평범한 사람들도 큰 타격을 입었다. 탐욕스러운 은행가들의 입에 발린 소리에 넘어가 얼토당토않은 고금리로 돈을 대출받아 집을 샀던 수많은 사람이 파산을 겪었다. 신용도가 좋지 않은 저소득층에게도 무분별하게 돈을 빌려줘 결국 최악의 경제 위기를 초래한 이 대출의 이름은 '서브프라임 모기지Sub-prime mortgage'였다.

부당한 고리대금업은 역사 속에 항상 존재했지만 이처럼 큰 규모는 처음이었다. 은행과 투자 은행가들은 자사의 주가를 높이고 계속해서 더 많은 수익을 얻기 위해 이 서브프라임 모기지를 대량으로 사들였다. 불과 몇 년 전만 해도 투자 업계에서 상상도 할 수 없던 일들이 통례로 받아들여지기 시작했다. 신망 있던 주요 은행들은 매우 복잡하게 설계된 금융상품을 파는 악덕 사채업자로 전락했다. 이 기간 동안 이런 서브프라임 모기지들이 한데 묶여 수도 없이 채권으로 팔려 나갔다.

하지만 무엇이든 뿌린 대로 거두는 법이다. 무턱대고 모기지를 받은 사람들이 상환 능력을 상실하자 탐욕에 눈이 멀었던 금융기관에도 손실이 닥쳤다. 너무나 많은 사람이 채무를 이행하지 않아 주택 압류가 급증했고, 집값은 유례 없는 급격한 경사로 수직 낙하했다. 집값이 떨어지자 상대적으로 안정적이었던 주택 소유자들도 곤란한 상황에 처했다. 두려움은 주식 시장까지 덮쳐왔고, 결국 주가가 폭락했다. 어두운 기운이 백악관까지 전달될 즈음엔 이 두려움이 눈덩이처럼 커져 극심한 공포가 되어 있었다.

각종 미디어들이 앞다투어 공포를 전파했고 미국은 집단 히스테리 상태에 빠졌다. 당시 모든 흐름을 지켜보던 미국의 소비자들은 겁을 먹은 나머지 소비 습관을 바꿔야겠다고 생각했고, 이들이 갑자기 소비를 멈추자 경기가 둔화되고 각종 산업은 타격을 입었다. 부족한 현금을 부채로 메워 운영하던 기업들이 줄줄이 도산했다. 불과 하룻밤 사이에 사라지는 기업도 부지기수였다. 소비가 멈추자 실업률도 증가했고, 이러한 악순환은 부동산과 주식 가격을 계속 폭락하게 만들었다.

2008년의 경제 위기는 나에게도 똑같이 찾아왔지만, 이전에 이미 한 차례 파산을 겪은 후 25년 동안 7가지 돈의 연금술을 굳세게 지켜왔기에 조금도 타격을 입지 않았다. 오히려 폭락한 부동산과 주식을 대단히 저렴한 가격에 매입해 성공적인 투자를 할 수 있었다. 내가 전하는 돈의 연금술에 귀를 기울인 많은 사람들 역시 경제 위기라는 폭풍우가 휘몰아칠 때도 끄떡하지 않았다. 그들의 집은 튼튼한 토대 위에 견고하게 지어졌기 때문이었다.

그렇다면 지금까지의 이야기로부터 무엇을 배워야 할까?
'돈의 원칙은 경기가 좋을 때든 나쁠 때든 언제나 효과가 있어야 한다'는 것이다.

호경기가 계속되는 동안에는 정말 어리석은 방법으로 돈을 관리해도 문제가 드러나지 않는다. 그러나 경기가 악화되면 건강하지 못한 돈 관리는 그 실체를 드러낸다.

"회오리바람에는 칠면조도 날 수 있다"라는 속담이 있다. 경기가 좋을 때는 많은 사람이 형편이 되지 않는데도 무리하게 이 것저것 사들였고, 그 결과 가계 부채가 기록적인 수준까지 치달 았다. 허나 아무리 부채 수준이 높아도 호경기에는 그럭저럭 버틸 수 있다. 마치 첫째 돼지와 둘째 돼지의 엉성한 집도 맑은 날씨에는 멀쩡했던 것처럼 말이다. 그러나 회오리바람이 그치고 나면 칠면조는 다시 땅에 떨어지고 만다. 불경기가 닥치면 빚더미는 베일을 벗고 비로소 그 실체를 드러내기 시작한다.

세계적인 경영 사상가 짐 콜린스Jim Collins는 저서 『위대한 기업은 다 어디로 갔을까』에서 기업의 몰락 과정을 다섯 단계로 설명한다. 이 다섯 단계는 '지나친 자만심'으로 요약된다. 이는 우리의 삶에도 훌륭하게 적용된다. 지나친 자만심에 빠지면 '내 직업은 안정적이니까 이 정도 빚은 일해서 쉽게 갚을 수 있어'라는 생각에 습관처럼 빚을 지면서 안일하게 돈을 쓰게 된다. 파산하기 전 20대 후반의 내가 딱 그랬다. 나는 파산이라는 경험을 통해 그동안 당연히 진실이라고 생각했던 돈에 관한 신화들이 새빨간 거짓말이었다는 것을 배웠다. 나는 내가 매우 똑똑하다고 자만했고, 그 자만심에 도취돼 온갖 빚을 끌어와 사상누각의 집을 지었다. 결국 모래 위에 지어진 내 집은 폭풍은커녕 가벼운 산들바람에도 힘없이 무너지고 말았다.

어떤 원칙을 갖고 사느냐에 따라 삶의 모습은 180도 달라진다. 결혼에 대해 잘못된 원칙을 갖고 있으면 행복한 결혼 생활을 영위할 수 없듯이, 돈 관리라는 집을 그릇된 원칙으로 지으면 그 집은 결국 허물어진다. 2008년 경제 위기가 닥치고 나서야 비로소 많은 사람이 돈에 대해 자신이 잘못 생각하고 있었음을 깨달았다. 고통을 겪고 나서야 자신이 틀렸다는 걸 힘겹게 알게 된 것이다. 모든 것이 괜찮아 보인다고 해서 앞으로도 계속 괜찮으리라는 보장은 없다.

빚을 내서 투자해 빠른 수익을 얻으려 하다가는 시장의 흐름이 바뀔 때 파산이라는 낭떠러지에 내몰릴 수 있다.
일확천금의 꿈을 좇다가는 자칫하면 고통에 빠지게 된다.
워런 버핏은 이렇게 말했다.
"썰물이 되면 누가 벌거벗고 수영하고 있었는지 드러난다!"

7가지 돈의 연금술을 소개하기에 앞서 이 책에서 하나씩 짚고 넘어갈 돈에 관한 잘못된 믿음들은 그동안의 불황기를 통해 그 실체가 드러났다. 돈에 관한 오해를 풀고 7가지 돈의 연금술을 꾸준히 실천하면, 호황기건 불황기건 당신은 올바르게 돈을 관리할 수 있다. 만약 지난 경제 위기 혹은 IMF의 두려움과 고통을 경험해봤다면 분명 그로부터 배운 교훈이 있을 것이다. 튼튼하지 않은 토대에 대충 지은 집은 폭풍우가 밀려오면 쉽게 허물어진다는 사실을 명심하자.

한번 큰 경제적 위기를 경험한 어른들은 투자에 조심스럽게 접근한다. 적정한 예산을 배분하고, 감당할 수 있는 리스크인지 꼼꼼하게 따져본 후 투자한다는 뜻이다. 그때 배운 교훈 덕에 지금은 충분히 여유롭게 사는데도 말이다. 나는 그런 분들을 자주 만나곤 한다.

당신도 수차례의 불황을 겪고 경제 위기에 대한 우려의 목소리를 들으며 돈 관리의 필요성을 충분히 느꼈을 것이다. 단지 어떻게 해야 올바르게 돈을 관리할 수 있는지 그 원칙을 찾지 못했을 뿐이다. 어쩌면 달콤한 투자 신화에 속아 계속 잘못된 방식을 고수하고 있을지도 모른다.

그렇다면 이제 안심해도 좋다. 앞으로 여러 장에 걸쳐 부와 빚에 관한 잘못된 통념을 타파하고, 7가지 돈의 연금술을 통해 올바른 돈 관리 방법을 안내할 것이니 말이다. 그럼 지금 바로 시작해보자.

차 례

시작하는 글 인생을 변화시킬 준비가 되어 있는가?   9

프롤로그 회오리바람에는 칠면조도 날 수 있다   14

1부 혼돈을 타파하는 5가지 돈의 진실

1장   거울 속 빈털터리와 마주하라

나는 대출에 더 탁월한 사람이었다   31

대가를 치른 자만이 돈의 승자가 될 수 있다   35

잠시만 즐거움을 보류하라   38

2장   변화의 고통을 선택하라

당신은 부은 게 아니라 살찐 것이다   43

고통이 당신을 무너뜨리기 전에 변화를 선택하라   47

3장   창문 밖으로 돈을 내던져보라

빚 권하는 사회에서 살아남는 법   54

포브스 400대 부자들이 현금만 쓰는 이유   58

빚은 당신이 아닌 은행만 배불린다   91

4장   레버리지 신화에서 벗어나라

허황된 신화를 부추기는 생각의 뿌리   95

복권은 가난한 사람들에게 걷는 세금이다   96

5장   당신을 가로막는 장애물부터 파악하라

배우려는 노력도 없이 부자를 꿈꾸는가?   119

체면을 위한 소비는 허상에 불과하다   123

신용불량자의 빛나는 재규어   130

배낭이 가벼워야 정상에 오를 수 있다   133

2부 부로 나아가는 7가지 돈의 연금술

6장   비상시에는 액자 유리를 깨라

코끼리도 한 입씩 먹으면 다 먹을 수 있다   142

철저한 계획 없이는 시작조차 할 수 없다   145

변화는 아주 작은 행동에서 시작된다   147

특가 세일은 비상 상황이 아니다   151

단돈 100만 원이 만들어내는 기적   153

비상시에만 액자 유리를 깰 것   156

7장   치타에 쫓기는 절박한 가젤이 되어라

가장 빠르게 진정한 부자로 거듭나는 법   162

떼쓰는 아이를 호되게 꾸짖어라   166

온 정신을 집중하라   171

필요하다면 다이너마이트라도 불사하라   176

우선순위를 결정하는 법   181

규모가 큰 빚은 별도로 관리하라   185

8장   폭풍우에도 무너지지 않는 벽돌집을 마련하라

머피의 법칙에서 완전히 탈출하는 법   191

제1의 조건은 유동성이다   195

저축하라! 단, 빚을 모조리 갚은 후에   199

남편들이여, 아내의 말을 들어라   203

벽돌집은 폭풍우에도 무너지지 않는다   206

상황에 따라 유연하게 대처하라   209

빚으로 산 집은 지푸라기에 불과하다   212

9장   죽을 때까지 가슴 뛰는 삶을 꿈꾸고 준비하라

품위 있게 나이 들고 싶다면   218

15%의 작은 돈이 만드는 커다란 여유   223

부동산이나 금보다 더 확실한 투자처   226

인생에 늦은 때란 없다   230

10장 자녀 앞에 당당하게 우뚝 서라

학위는 절대 부를 보장해주지 않는다   239

온 가족이 함께 노력하라   244

자녀에게 빚을 물려주지 마라 246

어떤 상품에 투자해야 할까? 248

부모와 자녀가 함께 노력해야 한다 250

11장 벌거벗은 채 수영하지 마라

29km, 유혹의 구간을 극복하라 256

당신이 대출이자를 내는 동안 부자는 돈을 불리고 있다 257

경제적 자유를 얻은 어느 부부의 특별한 저녁 식사 275

12장 당신의 부를 마음껏 자랑하라, 우아하고 품격 있게!

책임감 있게 돈을 사용하는 3가지 방법 280

이제 당신에게 원하는 것을 선물해도 좋다 282

잠자는 동안에도 돈이 들어오게 하라 287

착한 사마리아인에게는 돈이 있었다 295

돈을 나눠주는 기이한 산타 이야기 298

즐기고, 투자하고, 마음껏 베풀어라! 301

에필로그 지금 당장 고통의 여정에 뛰어들어라 305

1부

혼돈을 타파하는
5가지 돈의 진실

1장

거울 속 빈털터리와
마주하라

'대체 뭘 하고 있는 거지?'

'왜 이렇게 살고 있는 걸까?'

당시 나의 기분이었다. 벌써 수십 년이나 지났지만 아직도 어제 일처럼 생생하다. 그때 나는 어떤 어둠의 그림자가 천천히 방을 가로질러 나를 엄습해오고 있는 것 같은 두려움을 느꼈다. 월급이 들어오려면 아직도 한참이나 남았는데, 수중에 지폐한 장 없는 채로 식탁에 앉아 당장 눈앞에 닥친 수많은 고지서와 영수증을 들여다보는 일이 결코 유쾌하지는 않았다. 내겐 처자식을 둔 가장으로서 따뜻한 보금자리와 먹을거리를 제공해야 하는 의무가 있었지만 전혀 그 책임을 다하지 못하고 있었다. 그때 나는 초라하기 그지없었다. 힘없는 아이와 다를 바 없었다. 어떻게든 지금 당장은 눈앞에 닥친 고지서를 해결한다 해도 또다시 날아올 고지서를 걱정해야 했다.

'대체 무슨 돈으로 아이들을 대학에 보내고, 은퇴해서는 무슨 일을 해야 할까? 인생을 즐기는 방법이란 게 있기나 한 걸까? 어떻게 하면 돈 걱정이란 걸 안 하고 살 수 있을까?'

미래에 대한 불안감이 내 삶을 끝없이 엄습했다.

나는 똑같은 식탁에 앉아 매달 똑같은 고민거리와 두려움을 끌어안고 있었다. 저축해놓은 돈은 거의 없는 반면 갚아야 할 대출금은 너무 많았다. 눈앞에 쏟아지는 대출금을 갚는 데만 급급할 뿐, 내가 삶을 주도적으로 통제하고 있다는 느낌이 들지 않았다. 아무리 열심히 일해도 이 상황에 맞서 싸워 이길 수 없을 것 같았다.

이대로 가다가는 은행과 정부, 그리고 돈 들어갈 일들에 얽매여 평생을 노예로 살다가 죽을 것 같았다. 아내와 돈 문제를 놓고 이야기를 나눌 때면 매번 싸움으로 끝났다. 대화가 끝나면 그녀에게는 두려움이, 내게는 무능하다는 자책이 남았다. 바꿔야 할 차, 옮겨가야 할 집, 아이들 교육 등 내 앞에 놓인 모든 미래가 불확실해 보였다.

그렇다고 해서 '일확천금의 비밀'이나 '가장 빨리 부자가 되는 법' 같은 허황된 희망만을 찾고 있는 건 아니었다. 땀 흘려 버는 돈의 가치를 알고 있었기에 열심히 일하거나 가족을 위해 희생하는 일도 두렵지 않았다.

분명한 진실은 이것뿐이었다. '반복되는 돈의 굴레가 죽기보다 싫다는 것.' 온갖 고지서와 씨름하며 느끼는 중압감에 진절머리가 났다. 희망이라고는 전혀 보이지 않는 일상이었다. 내 인생은 마치 다람쥐 쳇바퀴 같았다. 달려도, 달려도 앞으로 나아가는 것 같지 않았다.

나는 대출에
더 탁월한 사람이었다

내 삶에서 돈은 늘 신기루 같았다. 들어왔다가도 손에 쥐어볼 틈 없이 금세 사라져버리곤 했다. 매달 앞에 쓰인 이름만 바뀌어서 들어왔다가 빠져나갈 뿐 온전히 내 것이 되지 않았다. 간혹 돈 문제를 해결하고 간신히 한숨 돌린 달에는 앞으로 그럭저럭 괜찮을 것 같다는 작은 희망이 샘솟기도 했다. '뭐, 다들 이러고 사는 거지'라며 스스로를 다독일 수 있었다. 그럴 때면 우리 가족이 미래를 향해 나아가고 있다고 스스로에게 거짓말을 하며 위안을 삼기도 했다. 하지만 사실 나는 잘 알고 있었다. 빚에 얽매여 있는 한 우리는 절대로 이 비루한 일상을 벗어날 수 없다는 것을.

"지긋지긋해!"

마침내 나는 이렇게 계획 없이 돈을 관리하다가는 내 뜻대로 살아갈 수 없다는 사실을 깨달았다.

나와 내 아내는 20대 후반에 한 차례 파산을 겪은 적이 있다. 그때 나는 어리석었고 돈을 제대로 관리하지 못해, 아니 솔직히 말하면 돈을 제대로 관리할 생각조차 하지 않았던 탓에 전 재산을 잃었다. 파산은 내 인생에 일어난 최악의 일이기도 했지만, 덕분에 돈에 대한 깨달음을 얻을 수 있었으니 한편으로는 최고의 일이기도 했다.

우리 부부는 무일푼으로 결혼 생활을 시작했지만 26살이 되던 해에 400만 달러(40억 원)짜리 부동산을 소유하게 되었다. 나는 부동산 투자에 일가견이 있었지만 애석하게도 대출받는 일에는 더욱더 탁월한 사람이었다. 부동산 투자를 통해 그토록 꿈꾸던 백만장자가 되었지만 실상은 모래 위에 지은 집이나 다름없었다. 금세 나는 돈 문제로 지옥을 경험했고, 그동안 일구었던 모든 재산을 3년 만에 잃어버렸다. 갓 태어난 아기와 막 걸음마를 뗀 아이가 있는 상황에서 고소를 당했고 알몸으로 길거리에 나앉았다. 그때는 두렵다기보다 그저 참담한 심정이었다. 하지만 이대로 주저앉을 순 없었다. 우리는 서로를 의지하고 변하기로 결심했다.

한순간에 모든 재산을 잃고 난 후 나는 사방팔방 뛰어다니며 탐색에 나섰다. 돈이 어떻게 모이고 어떻게 해야 돈을 제대로 관리할 수 있는지, 그리고 어떻게 하면 진정한 돈의 주인이 되어 돈을 부릴 수 있는지 알아보기로 했다. 돈에 관한 책이라면 손에 잡히는 대로 읽어나갔고, 돈을 벌고 모은 선배 부자들을 만나 이야기를 들었다. 이 과정에서 나는 마음 한구석 어딘가에서 불편한 곳을 발견했다.

바로 '거울 속의 나'였다.

내가 겪고 있는 모든 근심과 걱정이 거울 속의 사람으로부터 시작해서 끝난다는 사실을 깨달은 것이다.

매일 아침 면도할 때마다 마주하는 거울 속 저 친구를 관리할 수 있다면 돈 문제도 정복할 수 있겠다는 생각이 들었다. 그렇게 거울 속에 비친 나를 바라보며 탐색을 이어가던 여정은 시간이 흘러 또 다른 여정으로 나를 안내했다. 말 그대로 수백만 명의 사람들을 내가 걸어온 여정으로 이끄는 것이었다. 다시 백만장자가 되어, 진정한 경제적 자유를 손에 넣은 나는 내 앞에 놓인 새로운 여정으로 기꺼이 발걸음을 옮겼다.

그렇게 라이브 강연, 파이낸셜피스대학교 교육 과정, 라디오 프로그램 「데이브 램지 쇼」를 진행하게 되었고, 《뉴욕타임스》 베스트셀러에 오른 『파이낸셜피스』와 『More Than Enough(충분 그 이상)』, 그리고 이 책을 통해 수백만 명의 사람들에게 내가 깨달은 돈에 관한 진실을 전할 수 있었다.

대가를 치른 자만이
돈의 승자가 될 수 있다

당신에게 도전 과제를 하나 내겠다.

거울 속에 있는 남자, 혹은 여자와 싸울 준비가 되어 있는가?

그렇다면 돈 문제에서도 이길 준비가 되어 있는 것이다.

나는 돈을 관리하는 아주 간단한 방법을 찾아냈다. 부자가 되는 방법은 수학 문제를 푸는 것처럼 복잡하지 않다. 돈 모으기의 80%는 행동과 실천이다. 다시 말해, 부자가 되는 방법을 열심히 공부하는 것보다 지금 당장 그 방법을 실천하는 편이 훨씬 더 중요하다는 뜻이다. 그러니 거울 속 당신을 통제하고 행동하게 만들 수 있다면 다이어트도 할 수 있고 부자도 될 수 있다.

앞에서도 이야기했듯이 부자가 되는 방법에 엄청난 비밀이 숨어 있는 건 아니다. 매우 단순하지만 실천하기는 정말 어렵다. 만약 누구나 할 수 있을 만큼 쉬웠다면 바보 천치라도 부자가 되지 않았겠는가?

그래서 이 책은 도전 과제로 시작한다.

도전할 과제는 바로 '당신'이다.

돈에 대해 문제를 일으키는 사람은 다름 아닌 당신이기 때문이다.

하루 종일 재무 상담 방송을 본다고 해서 저절로 답이 나오는 것은 아니다. 미래를 만들어나가는 것도 당신이며 답을 알고 있는 것도 당신이다. 그래서 나는 교과서적인 이론이 아닌, 구체적이고 실질적인 행동 방침만을 알려줄 것이다. 놀랍게도 이 방법들은 언제나 효과가 있었다. 매우 간단하면서도 당신이 가진 돈 문제의 핵심을 정확히 찌르기 때문이다. 돈과 싸워 이기기 위해서는 당연히 치러야 할 대가도 있다. 돈의 승자들은 이기기 위해 기꺼이 대가를 치른 사람들이다. 다만 일부 패자들은 대가를 치르고도 이기지 못했다. 검증된 방법을 사용하지 않았기 때문이다.

수많은 평범한 사람이 이 책에 담긴 7가지 돈의 연금술을 통해 빚더미에서 탈출했고, 삶에 대한 통제력을 되찾았으며, 착실히 돈을 모아 부자가 되었다. 그들은 짧은 기간 동안 고생이라는 대가를 치르면서 부를 일구어냈고, 그 결과 앞으로는 그러한 고생을 감내할 필요 없이 돈으로부터 완전히 자유로운 삶을 살아갈 것이다.

이 책은 당신이 목적지까지 가는 데 유용한 지도가 되어줄 것이다. 다만 편하고 빠른 지름길을 알려주지는 않는다. 애초에 힘 들이지 않고, 어떠한 고통도 감수하지 않고 편안하게 부자가 되는 방법 따윈 존재하지 않기 때문이다.

또한 이 책을 통해 복잡하고 어려운 이론을 배우겠다는 생각도 접길 바란다. 돈에 관한 많은 학위와 자격증이 있음에도 파산하는 사람이 태반이다. 바로 내가 그랬다. 나는 두 번이나 백만장자가 되었지만, 20대 때는 어리석은 돈 관리로 인해 모든 것을 잃었다. 두 번째로 큰돈을 번 건 40대가 되기 전이었고, 그때는 돈을 제대로 관리해 지금까지도 빚 없는 삶을 살고 있다.

종종 아무것도 일구지 못한 재무학 교수들이 나의 조언을 우습게 여기거나 원시적이라고 비판한다. 한 청취자는 내 라디오 프로그램에 비난으로 가득한 편지를 보내오기도 했다. 그럴 때면 나는 훌륭한 아이디어를 갖고 있으면서도 왜인지 아직 행동으로 옮기지 않은 많은 사람에게 이런 말로 응수한다.

"당신의 생각이 옳다는 걸 증명해보세요. 적어도 저는 증명했습니다."

잠시만
즐거움을 보류하라

7가지 돈의 연금술에는 몇 가지 좌우명이 있는데, 그중 하나가 '남들이 돈을 쓸 때 모아야 남들과 다른 삶을 살 수 있다'는 것이다. 이것이 7가지 돈의 연금술을 실천하기 전에 반드시 명심해야 할 좌우명이다. 이 말을 마음 깊이 새기고 힘들 때마다 상기하라. 사고 싶은 물건을 포기하고 뒤돌아설 때마다, 늦게까지 일하거나 삶에 지칠 때마다 이 말을 떠올려라. 남들이 꺼리는 고생을 감수해야 나중에 남들이 결코 누릴 수 없는 삶을 살 수 있다. 이 생각을 떠올리는 것만으로도 지치지 않는 동력을 얻을 수 있다.

아무리 더 멋진 결과가 기다리고 있다 해도 지금의 즐거움을 보류하길 망설이는 사람들도 많다. 그들은 휠체어에 의지해야 하는 노인이 되고 나서야 부를 얻는다면 그게 다 무슨 소용이냐고 묻는다. 그러나 당장 먹고살 돈이 없어서 쓰레기 더미를 뒤지거나 폐지를 주우러 다녀야 하는 삶보다는 낫지 않겠는가? 늙어서 돈이 없으면 다리가 아파도 휠체어조차 타지 못한다.

아무도 뜨거운 석탄 위를 걷고 싶어 하지 않는다. 그러나 아주 잠시 동안만 석탄 위를 걷는 것만으로 일생 동안 걱정과 좌절과 스트레스와 두려움이 없어진다면 해볼 만한 가치가 있지 않겠는가? 기꺼이 고통을 감수하지 않겠는가? 앞으로 소개할 7가지 돈의 연금술이 바로 그렇다. 충분히 석탄 위를 걸어볼 만한 가치가 있는 일이다.

* * *

당신이 돈의 노예가 된 것은 배우자의 잘못 때문이 아니고 당신 부모님의 잘못 때문도 아니며 아이들이나 친구들의 잘못 때문도 아니다.

바로 당신의 잘못 때문이다.

문제를 이토록 꼬이게 만든 게 당신이라면 꼬인 실타래를 풀수 있는 사람도 바로 당신일 것이다.

어떠한 법이나 규제도 당신을 강제로 변화시킬 수 없다. 모두가 선망하는 꿈의 직장이나 높은 연봉이 반드시 필요하지도 않다. 물론 그것들은 당신의 변화에 어느 정도 도움을 주겠지만, 당사자인 당신이 삶에 대해 책임감을 갖지 않는 한 아무 의미가 없다. 더 이상 주변 핑계 대지 말고 스스로 책임감 있게 나서라!

당신의 인생은 당신 자신의 삶이고 사명이며 미래다. 전적으로 당신의 선택과 결정에 달려 있다.

변화할 준비가 되었다면 이제 시작해보자. 바로 지금 말이다. 내가 당신을 안내하겠다. 그러나 출발선에서 당신을 밀어주거나 결승선에서 끌어주지는 않을 것이다. 이 여정의 출발과 끝 역시 전적으로 당신의 몫이다.

나는 내 인생에 책임감을 가지면서 변화하기 시작했다. 많은 사람이 7가지 돈의 연금술을 깨달은 후 경제적인 자유를 얻었고, 자신감과 절제를 되찾았으며, 지금 이 시간에도 고군분투하며 가족을 위한 미래를 만들어나가고 있다. 젊은 시절의 내가 돈에 대한 걱정을 가득 안고 여정에 올랐듯이 당신도 이 혹독한 여정을 어서 빨리 시작하길 바란다. 이 여정은 거울 속에 보이는 빈털터리를 관리하는 일에서부터 시작된다. 거울 속 당신이 바로 경제적 자유를 얻기 위한 첫 번째 도전 과제다.

2장

변화의 고통을
선택하라

몇 년 전 나는 몸에 군살이 붙은 것을 알게 됐다. 오랫동안 일에만 몰두하다 보니 몸 관리에 소홀했던 것이다. 군살을 빼기 위해 첫 번째로 해야 할 일은 '습관 바꾸기'였다. 하루 종일 끼니를 거르다가 밤늦게 폭식하는 나쁜 습관부터 바꿔야 했다.

그리고 두 번째 단계이자 첫 번째 단계 못지않게 중요한 일이 '변화를 가로막는 장애물'이 무엇인지 파악하는 것이었다. 만약 식사량이나 영양 균형에는 문제가 없는데 지나치게 활동량이 적다면 운동하는 시간을 늘려야 할 것이고, 정기적으로 운동을 하는데도 살이 찐다면 잘못된 식습관이나 디저트에 대한 과도한 사랑을 버려야 할 것이다. 나 역시 내 다이어트를 가로막는 숨은 장애물이 무엇인지 파악하고 나서야 탄탄한 몸을 되찾을 수 있었다. 돈 관리도 마찬가지다. 당신이 돈에 끌려다니며 고통받는 이유가 거울 속 자신이라는 사실을 깨달았다면, 무엇이 당신의 돈 관리를 가로막고 가난에 머무르게 하는지 그 장애물을 알아야 한다.

거울을 한번 들여다보라. 배를 집어넣고 어깨에 힘을 주어 최대한 멋지게 자세를 잡아보라. 그러나 아무리 각도와 포즈를 달리해도 거울은 절대 거짓말을 하지 않는다. 이미 붙은 군살은 어떻게 해도 감출 수 없는 법이다. 아마도 당신은 군살이 붙은 거울 속 자신을 보면서 "난 그렇게 살이 찌지 않았어. 조금 부었을 뿐이야!"라고 말하며 스스로를 속이고 있을지도 모른다.

내 아버지는 "문제가 있다는 것을 아는 것만으로도 문제의 90%를 해결할 수 있다"라고 말씀하셨다.

다시 한번 거울 속 자신의 모습을 들여다보라.

당신은 어떤 모습을 하고 있는가?

돈 관리에 대한 문제를 파악하고 잘못된 행동 패턴을 바꾸려면 목숨을 건 집중이 필요하다. 그리고 이를 가로막는 가장 큰 장애물은 '현실 부정'이다. 안타깝게도 많은 사람이 자신의 잘못된 돈 관리 방법을 아무렇지 않게 유지하고, 심지어 자신의 방법이 옳다고 굳게 믿는다. 하지만 이 책은 그런 태도를 용납하지 않는다. 이 책은 불필요한 지출의 군살은 확실히 제거하고 통장의 근육은 단단히 키워서 진정한 돈의 주인으로 거듭나기 위한, 즉 '돈과 싸워 이기기 위한 책'이기 때문이다.

당신은 부은 게 아니라
살찐 것이다

4000명의 청중을 앞에 두고 강연하던 어느 날, 사라라는 여성이 나를 찾아왔다. 그녀는 내가 《월스트리트저널》에 실린 보도를 인용해 강연한 내용을 들었다고 말했다. 70%의 사람들이 매달 받은 월급을 고스란히 대출금과 이자로 내며 근근이 살아간다는 내용이었는데, 그녀는 자신이 나머지 30%에 속한다고 착각했다고 말했다. '현실 부정'을 한 것이다.

사라에게는 전 남편과의 사이에서 낳은 두 아들이 있었지만, 안정된 직장이 있는 데다 현재의 남편인 존도 높은 소득을 올리고 있었다. 부부의 연 소득을 합치면 7만 5000달러(약 7500만 원)에 달했고, '어느 집에나 있는' 자동차 대출과 '약간의' 신용카드 빚 5000달러(약 500만 원)가 있을 뿐이었다. 그녀는 자신이 더할 나위 없이 행복하다고 느꼈고 이보다 더 좋은 삶은 없으리라 확신했다. 삶이 원하는 방향대로 흘러가고 있다는 생각에 이사까지 결정했다. 미래에 대한 걱정이 아예 없는 것은 아니었지만 그렇다고 대수롭게 여길 정도도 아니라고 생각했다. 5월에 새 집으로 이사하면서 사라 부부는 새 집을 사기 위해 받았던 대출금을 상환하기 시작했다.

그러던 9월의 어느 날, 사라의 상사는 그녀에게 면담을 요청했다. 사라는 보너스나 급여 인상에 관한 이야기를 하리라고 예상하며 기대에 부풀었다. 그러나 상사가 꺼낸 이야기는 정반대였다. 그녀를 부른 이유는 인원 감축으로 인한 해고를 통보하기 위해서였다. 이 끔찍한 해고 통보로 인해 그녀는 평생 자신을 지켜주리라 생각했던 안정적인 직장과 7만 5000달러의 가계 소득 중 4만 5000달러(약 4500만 원)를 순식간에 잃어버렸다. 게다가 자존심에 큰 상처를 받았다. 커리어는 갑자기 끝나버렸고 마음속 깊은 곳에서 두려움이 자라나기 시작했다. 그날 밤 부부는 눈물 젖은 대화를 나누며 자신들이 재정적으로 살이 쪄 있다는 사실을 자각했다. 갑자기 집과 차를 압류당할지도 모른다는 공포감이 밀려왔고, 당연하게 누리던 것들이 새삼 소중하게 느껴졌다.

사라 부부는 평소 라디오에서 「데이브 램지 쇼」를 꾸준히 들어왔지만 그때마다 자신들은 7가지 돈의 연금술을 그대로 실천할 필요가 없다고 생각했다. 그러나 그들이 외면했던 거울 속에는 위태로운 재무 상황이 적나라하게 비치고 있었다. 사라가 해고 통보를 받은 그날, 부부는 처음으로 거울 속 자신들의 모습을 직시했다. 그제야 부부는 자신들이 얼마나 분수에 맞지 않게 소비하고 살아왔는지 깨달았다. 주택담보대출과 자동차 대출, 학자금 대출, 신용카드 빚으로 부채는 보기 싫을 만큼 여기저기 군살이 삐져나와 있었다. 반면 저축액과 예비 자금은 거식증에 걸린 사람처럼 앙상하기 그지없었다.

몸에 찌는 살은 부정하기가 어렵다. 늘어난 허리둘레 때문에 예전에 입던 옷을 도저히 입을 수가 없기 때문이다. 우리는 안간힘을 써도 잠기지 않는 바지를 보며 '이젠 정말 살을 빼야 할 때가 됐나 봐'라고 자각한다. 그러나 재정적으로 찌는 살은 외면하기가 쉽다. 어느 정도 자신을 속이고 나면 한동안은 잘 지낼 수 있다. 여기에 친구와 가족이 당신의 현실 부정과 정신 승리에 동참한다. 겉으로 보이는 좋은 차와 집만 보며 사람들은 당신을 부러워하고, 실상 당신은 빚더미에 올라 있으면서도 마치 진짜 부자인 양 착각하고 살아간다. 결국 '나는 괜찮아!'라고 끊임없이 주문을 외우는 사이 심각한 고도비만이 되는 단계에까지 이른다.

돈과 싸워 이기는 것을 가로막는 장애물 중 하나가 '현실을 자각할 필요성조차 느끼지 못하는 것'이다. 안타깝게도 사람들은 사라처럼 호된 일을 경험한 후에야 변화를 결심한다. 어쩌면 사라 부부가 경험한 일보다 더 위험한 일이 당신을 기다리고 있을지도 모른다. 혹시 쌓여 있는 빚을 보며 '이 정도는 괜찮아'라고 생각하진 않았는가? '누구나 이 정도 빚은 지고 살지'라며 부채를 합리화하진 않았는가?

그렇다면 당신도 현실 부정이 불러올 위기의 예비 희생자다.

그러니 진짜 위기에 처하기 전에 변화해야 할 필요가 있는지 거울 속 자신을 들여다보아야 한다. 모든 것이 '괜찮아' 보이기 때문에 신경 쓰지 않는다면, 강제로 변화해야 할 계기를 맞닥뜨릴 수 있다.

고통이 당신을 무너뜨리기 전에
변화를 선택하라

몇 년 전 베스트셀러 저자이자 미국 최고의 강연자인 지그 지글러Zig Ziglar의 동기 부여 세미나에 참석해 무감각이 어떻게 조금씩 우리를 잠식해나가는지에 대한 이야기를 들었다. 팔팔 끓는 물에 개구리를 넣으면 개구리는 즉시 고통을 느끼고 뛰어오른다. 하지만 상온의 물에 개구리를 넣고 서서히 온도를 높이면 물이 팔팔 끓어도 변화를 감지하지 못한다. 결국 개구리는 유유히 헤엄을 치다가 서서히 죽음을 맞이한다.

점점 뜨거워지는 물속의 개구리처럼 우리도 눈치채지 못하는 사이에 조금씩 부를 잃어가고 있을지 모른다. '최선'의 적은 '최악'이 아니다. '최선'의 가장 무서운 적은 '괜찮아'라는 자기 주문이다.

자, 이제 당신과 당신의 가족, 그리고 다가올 미래를 위해 용기를 내어보자. 무언가 잘못되었다는 생각이 들면 "이건 잘못됐어!"라고 소리쳐 말하자. "괜찮아"라고 말하며 애써 다독여봤자 당신에게 아무런 도움이 되지 않는다.

변화는 고통스럽기 마련이다. 그래서 변화하려는 용기를 내는 사람도 거의 없다. 대부분의 사람은 지금의 고통이 변화의 고통보다 커졌을 때에야 비로소 변화를 선택한다. 마치 더러워진 기저귀를 차고 '냄새는 고약하지만 따뜻하고 좋아'라고 생각하는 갓난아이와 다를 바 없지 않은가? 발진이 생기고 아프기 시작해서야 소리 내어 울 듯 말이다. 나는 사라를 비롯해 이 책에 있는 다른 사람들의 경험담이 당신에게 변화의 계기가 되기를 간절히 바란다. 같은 일을 반복하면 같은 결과가 나올 뿐이다.

당신을 현재 위치에 서게 한 것은 지금껏 당신이 내렸던 모든 결정이다.

지금 있는 그곳에 만족하는가?

그렇다면 하던 대로 해도 좋다.

반대로 지금 있는 곳보다 더 나은 곳을 꿈꾼다면 이 책을 읽고 있는 이유와 목적을 절대 잊지 말길 바란다.

지금의 상황에 머무르려는 관성과 유혹을 뿌리치고, 변하지 않은 결과로 인한 고통이 당신을 찾아 나서기 전에 당신이 먼저 변화의 고통을 선택하라. 갑작스러운 심장마비가 당신이 과체중이라는 사실을 알려주기 전에 당신이 먼저 변화하라.

결과적으로 사라 부부의 경제적 심장병은 그들로 하여금 재정적인 식습관과 운동 습관을 변화시키도록 만들었다. 1년 동안 힘든 노력의 시간을 보낸 후 사라는 새로운 직장도 구했다. 다시 급여가 차곡차곡 쌓이면서 사라 부부는 돈을 제대로 사용하기 시작했다. 무턱대고 신용카드를 긁던 습관을 버리고, 물건을 사기 전에 예산을 세웠다. 분수에 맞지 않는 소비를 하느라 대출받는 일도 그만두었다. 계획대로 7가지 돈의 연금술을 실천하고부터 급여가 들어오는 것이 큰 기쁨이 되었다. 이들은 빠르지는 않지만 차근차근 단계별로 과정을 밟으며 지금도 돈과 싸워 이기고 있다.

사라 부부가 7가지 돈의 연금술을 실천한 지 2년이 되던 해의 어느 날, 나는 그들을 만났다. 그들은 내게 진정으로 행복하다고 말했다. 주택담보대출을 제외하고는 갚아야 할 빚이 없었고, 비상시를 대비해 저축한 1만 2000달러(약 1200만 원)를 갖고 있었다. 사라 부부는 자신들의 현실 부정을 이겨냈지만, 오히려 이들의 부모와 형제들이 다른 사람들과 다르게 산다는 이유로 사라 부부를 걱정한다고 말했다. 하지만 아인슈타인도 이런 말을 하지 않았던가.

"위대한 정신을 가진 사람들은 종종 나약한 사람들의 격렬한 반대에 부딪친다!"

존의 아버지는 그들의 계획을 비웃었고, 부부가 혹시 사이비 종교에 빠진 게 아닌지 묻기도 했다. 하지만 부부는 굴하지 않았다. 자신들이 벌거벗은 임금님처럼 허영에 빠져 살았다는 걸 일단 깨닫자, 현실 부정과 가식은 더 이상 그들의 삶에 끼어들지 못했다. 남들에게 보여주기 위한 삶에서 벗어난 것이다.

사라는 조용히 웃으며 예전에 자신들이 했던 생각을 이야기했다.

'우리는 괜찮을 거야. 신용카드 회사들이 우리의 신용을 검증해줬잖아. 우리의 신용이 좋지 않았다면 카드를 발급해주지도 않았겠지. 나는 신용카드 대금도 매달 갚고 있어. 그러니 문제가 생길 리 있겠어? 신용카드가 있으니 내가 원하는 차도 살 수 있고, 원하는 가구도 살 수 있어!'

이제 그들은 현실을 부정한 채 자기기만적 태도와 가식적인 마음가짐으로 살고 있는 사람들을 보면 안타까움을 느낀다고 말했다. 사라 부부는 자신들이 갑자기 또 직장을 잃게 되더라도 당황하거나 절망에 빠지지 않을 만큼 충분히 대비해놓았다고 말했다.

"저희는 더 이상 거짓된 삶을 살지 않아요. 저희가 어디에 있

는지, 어디로 가고 있는지 그리고 어떻게 목적지까지 갈지를 정
확히 알고 있거든요."

Big Lesson of Money

돈을 계획 없이 흥청망청 쓰다가는
내 뜻대로 살아갈 수 없다.
돈의 주인이 되지 못하는 한
우리는 비루한 일상에서 벗어날 수 없다.

돈에 관한 걱정은
거울 속의 사람으로부터 시작해
거울 속의 사람으로 끝난다.
거울 속의 빈털터리를 통제할 수 있다면
돈 또한 통제할 수 있다.

그러므로 당신이 도전할 과제는 바로 '당신 자신'이다.
'나'와 싸워 이길 준비가 되어 있다면
당신은 돈에게도 승리할 수 있을 것이다.
달갑지 않은 변화가 당신을 찾아나서기 전에
당신이 먼저 변화의 고통을 선택하라.

3장

창문 밖으로
돈을 내던져보라

"이거 사 줘! 사달라고!"

가끔 우리는 대형 마트에서 이렇게 떼를 쓰는 어린아이를 본다. 당신도, 당신의 아이도 분명 이런 적이 있을 것이다. 지금 당장 원하는 무언가를 얻고 싶어 하는 것은 인간의 자연스러운 본성이다. 그러나 이는 성숙하지 못하다는 방증이기도 하다. 어떤 어른도 원하는 것을 지금 당장 갖고 싶다고 드러누워 떼쓰지는 않는다.

우리는 '현재를 위해 살라'는 문화에 길들여져 있다. 어릴 적

떼를 쓰며 드러눕는 것처럼 부모님을 조르지는 않지만, 대신 신용카드와 대출 상품을 조른다. 우리는 '빚'이라는 수단을 통해 능력이 없어도 언제든 원하는 것을 바로 얻을 수 있다. 빚은 당장 지불할 능력이 없는데도 원하는 것을 즉시 가질 수 있게 해 주는 요술 지팡이다. 게다가 은행이나 대출업체는 부모님처럼 당신을 야단치지도 않는다. 그래서 무작정 빚을 져서 물건을 사는 일이 얼마나 어리석은지 평생 깨닫지 못한다.

빚 권하는 사회에서
살아남는 법

사소한 거짓말도 자주, 크게, 그리고 오래 하면 사실로 받아들여진다. 처음에는 해괴망측하다고 여겨지던 이야기도 이 과정을 통해 보편화된다. 역사에서도 수많은 사람이 끔찍한 행위를 용인하고, 점차 거짓에 물들어 거기에 동참하기까지 하는 사례를 찾아볼 수 있다. 왜곡된 논리와 합리화로 인해 배울 만큼 배운 사람들도 이 바보 같은 행렬에 참여한다. 특히 대중을 대상으로 한 잘못된 선전이 이를 더욱 부추겼다.

지금 우리의 문화에도 이와 같은 잘못된 선전이 존재한다. 자신이 원하는 대로 대중이 생각하길 바라고, 그러기 위해서라면 어떤 일도 불사하는 사람들이 잘못된 선전을 퍼뜨리고 있다. 멋진 모델이 운전하는 자동차 광고를 반복해서 보면, 애석하게도 많은 사람이 자신도 저 차를 가진다면 광고 속 모델처럼 멋진 삶을 살 수 있으리라고 착각한다. 결국 무의식중에 덜컥 차를 사고, 자신이 그 차를 산 이유는 연비와 성능이 좋아서이며 광고 속 모델처럼 보이기 위해 비싼 차를 살 만큼 자신은 순진하지 않다고 주장한다.

특히 금융 산업계는 이러한 선전에 열을 올린다. 카드회사들은 신용카드를 써야만 멋지고 잘나가는 사회의 일원이 될 수 있다고 세뇌시키고, 자신들이 원하는 대로 사람들이 돈을 관리하도록 학습시키며 또 그에 따라 자신들의 상품을 판매한다.

가끔 우리는 어리석은 일임을 알면서도 사회가 만들어놓은 잘못된 이미지와 속설에 빠져 그릇된 판단을 내리곤 한다. 그것을 받아들여야 무리에 속할 수 있기 때문이다. 그래서 때로는 그것들에 대해 의문을 가질 생각조차 하지 못한다. 빚내서 하는 투자와 무분별한 신용카드 사용이 옳다고 다른 이들에게 적극적으로 전파하기까지 한다. 당신은 아니라고 자신할 수 있는가?

우리 사회에서 빛에 대한 권장과 판매는 대단히 공격적이고 크게, 그것도 지속적으로 이루어져왔다. 지금 우리는 빛 없이 사는 것을 상상조차 하지 못한다. 빚은 우리 문화 속에 뿌리 깊게 자리 잡아서, 거의 모든 사람이 신용카드 없이 살거나 할부 없이 사는 것이 불가능하다고 생각한다. 빚 권하는 문화에 반복적으로 노출된 결과 대출금 상환과 할부금 없이 사는 삶이 얼마나 자유로울지 상상도 하지 못한다. '빚 없이 살 수 있다'라는 메시지는 우리가 그동안 굳건하게 지켜온 믿음과는 완전히 반대되는 말이다.

자, 이쯤에서 다시 한번 생각해보자. 정말 우리는 빚 없이는 살 수 없는 걸까?

나는 오랫동안 7가지 돈의 연금술을 전해오면서 부의 법칙을 외면하게 만드는 가장 큰 장벽이 '빚에 대한 인식'이라는 사실을 알게 되었다. 더 이상 신용카드를 쓰지 않고, 할부로 차를 사지 않겠다고 결심한 많은 사람이 주변인들로부터 조롱을 받았다. 빚은 살아가는 데 꼭 필요하다고 신봉하는 가족과 친구들이 돈으로부터의 자유를 찾아 나선 용감한 사람들을 비웃었다.

세계 최고의 리더십 전문가인 존 맥스웰John Maxwell은 원숭이에 대한 어느 연구를 소개했다. 한가운데에 기둥이 있는 방에 한 무리의 원숭이가 있고, 기둥 맨 위에는 탐스럽게 익은 바나나가 있다. 한 원숭이가 기둥을 타고 오르려고 하면 소방 호스에서 물줄기가 나와 원숭이를 떨어뜨린다. 원숭이가 오르려고 할 때마다 물이 발사되고, 이 과정이 반복되면서 원숭이들은 기둥을 올라봐야 소용이 없다는 것을 학습한다. 나아가 원숭이들은 다른 원숭이가 기둥을 오르려고 하면 그를 말리며 밑으로 끌어내린다.

실험은 방에 있던 원숭이를 한 마리씩 꺼내고 이 상황을 전혀 모르는 새로운 원숭이를 들여보내는 것으로 이어진다. 새로 들어온 원숭이는 당연히 기둥을 오르려고 하는데, 그 방에 있던 원숭이들이 그를 끌어내리고 심지어 때리기까지 한다. 방에 있던 원숭이들을 다 꺼내고 물을 맞아보지 않은 원숭이만 남았을 때에도 상황은 똑같이 반복된다. 원숭이들은 기계적으로 기둥에 오르려는 원숭이를 끌어내린다. 결국 이들은 아무런 영문도 모른 채 바나나를 먹으려는 시도를 포기하고 만다.

인정하고 싶지 않겠지만 우리도 가끔은 원숭이 같은 행동을 할 때가 있다. 이유도 생각해보지 않은 채 빚이 부를 쌓기 위해 반드시 필요한 수단이라고 배우고, 그래서 빚을 청산하겠다고 결심한 사람들을 향해 비웃음을 날린다. 마치 이유도 모른 채 동료 원숭이를 끌어내리는 원숭이처럼 말이다. 사람들은 빚을 피하는 것이 어리석고 멍청하며 부에 무지한 행동이라고 생각한다.

포브스 400대 부자들이
현금만 쓰는 이유

이번 장에서는 우리 사회에 널리 퍼져 있는 빚에 대한 잘못된 상식들을 하나씩 살펴볼 것이다. 그러기에 앞서 당신이 이미 갖고 있는 통념을 흔쾌히 내려놓을 준비를 해주길 바란다. 통념이 머릿속에 너무 깊숙이 박혀 있는 나머지 이 장을 마칠 때까지 도저히 내려놓을 수 없다면 맨 앞으로 돌아가 7가지 돈의 연금술을 통해 인생을 바꾼 사람들의 경험담을 다시 한번 읽어보길 바란다. 이들의 생생한 이야기들이 경계심을 내려놓도록 도울 것이다.

자, 이제 마음을 열고 편안한 마음으로 진실이 무엇인지 살펴보자.

잘못된 상식 : 빚은 경제적 자유를 위해 꼭 필요한 수단이다.

부의 진실 : 부자들은 당신이 생각하는 만큼 빚을 활용하지 않는다.

나는 처음 부동산 업계에서 일하면서 "빚은 부자가 되기 위한 지렛대다"라는 말을 수도 없이 들었다. 빚을 활용하면 자금에 여유가 생기므로 애써 기다릴 필요 없이 집과 차를 사고 사업을 시작할 수 있다는 논리다. 학창 시절에 만난 재무학 교수님 또한 "빚은 양날의 검이다"라고 가르쳐주셨다. 잘못하면 나를 다치게 할 수도 있지만, 잘만 활용한다면 나를 돕는 도구가 된다는 것이다.

이처럼 성공하기 위해서는 빚이 꼭 필요하고, 잘만 활용하면 부를 쌓게 해주는 도구가 된다는 '잘못된 상식'은 우리 사회에 널리 퍼져 있고 심지어 학계에도 신화처럼 당연하게 받아들여지고 있다.

빚에는 필히 리스크가 따른다. 그리고 그 리스크가 빚의 레버리지 효과로 얻은 수익을 상쇄시킨다. 심지어 장기적으로 빚을 보유할 시 그로 인한 리스크가 수익을 갉아먹기까지 한다. 나도 한때는 이런 잘못된 믿음을 전파하는 사람이었다.

"빚은 부를 이루기 위해 반드시 필요한 수단입니다!"

실제로는 투자자가 손실을 입게 될 부동산을 '내부수익률(투자로 쓰는 현금의 현재가치와 그 투자로 유입될 미래 현금유입액의 현재가치가 같아지는 수익률-옮긴이 주)' 따위의 복잡한 용어를 사용해가며 자신 있게 판매했다. 이런 잘못된 믿음을 열정적으로 전파하던 내게, 삶은 크나큰 교훈을 가르쳐주었다. 모든 재산을 잃고 파산한 후에야 나는 빚이 가진 리스크가 매우 크다는 사실을 깨달았다.

닮고 싶은 사람들의 삶을 들여다보면 공통점을 찾을 수 있다. 몸에 군살이 없는 사람이 되고 싶으면 그런 사람들이 어떻게 생활하는지 살펴보면 된다. 마찬가지로 부자가 되고 싶다면 잘못된 믿음을 전파하는 사람들이 아니라 진짜 부자의 삶을 들여다봐야 한다. 경제 전문지 《포브스》는 매년 '포브스 400대 부자'를 발표한다. 이들 중 75%(파산한 당신의 이웃이나 친척이 아니라)가 재산을 모으는 가장 좋은 길이 '빚을 완전히 없애고 계속해서 빚 없는 상태를 유지하는 것'이라고 말했다. 미국의 대기업인 월그린스, 시스코, 할리데이비슨 역시 부채 없이 운영되고 있다.

재무상담사로서 나는 오랫동안 수많은 백만장자를 만나왔지만 신용카드 포인트로 부자가 되었다고 말한 사람은 단 한 명도 없었다. 돈이 많은 부자일수록 수입보다 적게 지출했고, 충분한 여유 자금이 있을 때에만 물건을 구입했다. 그것도 오로지 현금으로 말이다. 할부 거래나 대출을 이용하는 사람은 거의 찾을 수 없었다.

아이러니하게도 현재 가장 많이 대출을 해주고 있는 회사가 사실은 빚을 끔찍이 싫어했던 창립자에 의해 설립되었다. 유통업계의 공룡인 시어스 백화점은 상품 판매보다 신용카드 사업으로 더 많은 수익을 올리고 있다. 미국 가정의 절반이 시어스 신용카드를 보유하고 있을 정도다. 하지만 놀랍게도 1910년 시어스의 카탈로그에는 "할부 구입은 어리석은 짓입니다"라는 경고 문구가 적혀 있었다. 그런가 하면 J.C.페니 백화점은 신용카드 사업으로 매년 수백만 달러를 벌고 있지만, 이곳의 창립자는 별명이 '제임스 캐시 페니James Cash Penney'일 정도로 빚을 끔찍이 싫어했다. 헨리 포드 역시 빚을 경계했으며, 할부는 게으른 사람들이나 쓰는 방법이라고 생각했다. 그의 철학은 포드에 깊게 뿌리박혀서 경쟁사인 제너럴모터스가 할부 판매를 통해 포드의 판매량을 추월한 지 10년이 지나서야 할부 판매를 시작했다. 지금은 포드자동차신용이 포드에서 가장 높은 수익을 올리는 사업 부문 중 하나다. 이처럼 과거의 기업 경영인들은 빚을 어리석은 짓으로 보고 심지어 소비자에게까지 빚을 경계하라고 권

고했지만, 현재의 기업들은 이를 사업 아이템으로 바꾸어 오히려 빚지기를 적극적으로 권하고 있다.

잘못된 상식 : 지인에게 돈을 빌려주면 관계가 돈독해진다.
부의 진실 : 지인에게 돈을 빌려주면 그 즉시 갑과 을의 관계가 된다.

너무 당연한 이야기라고 하지만 여전히 많은 사람이 친구나 친척이 돈을 빌려달라고 하면 아무런 망설임 없이 은행으로 달려간다. 친한 사이라도 돈을 빌려주면 돈도 잃고 사람도 잃는다. 돈을 빌려주고 난 후 관계가 멀어지는 일을 수없이 목격하지 않았던가.

하루는 「데이브 램지 쇼」에 존이라는 여성이 사연을 보내왔다. 직장에서 가장 친했던 동료에게 돈을 빌려주고 나서 관계가 불편해졌다는 내용이었다. 싱글맘이었던 동료는 이혼 후 어려워진 생활 때문에 급히 돈이 필요했고, 다음 월급날까지 500달러(약 50만 원)를 빌리고 갚기로 약속했다. 그들은 매일 점심을 함께 먹고 서로의 비밀도 터놓을 만큼 막역한 사이였다. 그런데 월급날이 지나도 동료는 돈을 갚지 않았고 오히려 그녀를 피하기만 했다. 아마도 수치심과 죄책감 때문이었을 것이다.

아무리 소액이라도 일단 돈을 빌려주고 받는 사이가 되면 관계가 변한다. 갑과 을의 관계가 되는 것이다. 돈을 빌려주는 사람은 갑이 되고, 돈을 빌린 사람은 친구나 친척, 자녀가 아니라 을로 전락한다. 마치 '주인'과 '노예' 같은 사이가 된다. 누군가는 지나친 과장이라고 비웃을지 모르겠으나, 가족에게 돈을 빌려주면 명절에 먹는 음식의 맛도 달라지는 법이다. 주인 혹은 노예와 식사하는 것은 가족과 함께하는 그것과는 완전히 다르기 때문이다.

　　존은 불편해진 관계로 인해 큰 상처를 받았다. 나는 그녀에게 동료와의 관계가 500달러 정도의 가치가 있는지 물었다. 망설임 없이 동료와의 관계가 훨씬 더 가치 있다고 대답한 그녀에게, 그렇다면 즉시 동료에게 "빌려준 돈은 애당초 받을 생각이 없었고, 그냥 선물이었다"라고 말하게끔 권유했다.

　　나중에 보내온 사연에 따르면 그로써 두 사람 사이의 관계는 회복되었다고 했다. 갑과 을에서 벗어나 다시 친구가 된 것이다. 다만 나는 존에게 두 가지를 약속해달라고 요청했다. 첫째는 언젠가 도움이 필요한 사람이 생긴다면 그에게도 도움을 주라고 동료에게 당부하라는 것이었고, 둘째는 절대 다시는 그 누구에게도 돈을 빌려주어서는 안 된다는 것이었다. 우리가 여기서 배워야 할 교훈은 '친한 사람과의 돈 거래는 상대방을 돕는 게 아니라 잃는 것'이며, 친한 사람이 어려움에 처했을 때는 돈을 빌려주는 대신 받을 생각은 하지 말고 그냥 줘야 한다는 것이다.

가족의 경우도 마찬가지다. 갓 결혼한 25살의 자녀에게 신혼집 계약금을 빌려준 부모의 이야기를 들어보자. 신혼부부가 된 자녀가 곧 다가올 휴가 계획을 이야기하자 인자하던 부모의 표정이 금세 탐탁지 않다는 듯이 변했다. 부부는 그 표정의 의미를 눈치챘다. 그들은 부모에게 빌린 돈을 다 갚기 전까지는 종이 한 장 사는 것도 조심해야 한다는 것을 깨달았다.

이보다 더한 사례도 있다. 돈 때문에 가족 간에 원수가 되어 연까지 끊어진 경우다. 할아버지는 신형 사륜구동 트럭이 필요하다는 손자의 말에 6%의 이자를 받기로 약속하고 흔쾌히 2만 5000달러(약 2500만 원)를 빌려주었다. 은행에서 빌리는 것보다 훨씬 낮은 이자율이므로 손자에게도 좋았고, 은행의 정기예금보다 높은 수익을 낼 수 있었기에 할아버지에게도 좋은 조건이었다. 그런데 과연 결과적으로 모두에게 좋았을까? 손자가 직장을 잃어서 약속을 천금같이 귀하게 여기는 할아버지에게 돈을 갚지 못한다면 어떻게 될까?

실제로 우려하던 일이 벌어졌고 손자와 할아버지의 관계는 틀어지고 말았다. 손자는 약속을 지키라는 할아버지의 성화에 결국 트럭을 처분해서 1만 9000달러(약 1900만 원)를 갚았다. 아직 원금을 다 받지는 못했지만 유치권(타인의 물건이나 유가 증권을 담보로 해 빌려준 돈을 받을 때까지 그 담보물을 맡아둘 수 있는 권리-옮긴이 주)이 있는 것은 아니었으므로 할아버지는 그저 애타게 손자가 나머지 6000달러(약 600만 원)를 갚아주기만을 기다리는 수밖에 없었다. 그러나 그는 6000달러를 받지도, 손자의 얼굴을 두 번 다시 볼 수도 없었다. 수치심과 죄책감으로 괴로워하던 손자가 결국은 자신이 직장을 잡지 못하는 이유가 할아버지 때문이라고 결론 내리고 관계를 끊어버렸기 때문이다.

이처럼 돈을 빌려주고 빌리는 일 때문에 관계가 틀어지고, 심지어 단절되기까지 하는 경우는 무수히 많다. 이런 이야기를 수없이 듣고 실제로 겪는데도 사람들은 정말 가까운 사이라면 기꺼이 돈을 빌려줘야 한다고 굳게 믿는다.

잘못된 상식 : 지인을 위해 보증을 서는 일은 의리 있는 행동이다.

부의 진실 : 보증을 섰다면 대신 갚을 각오까지 해야 한다. 은행이 보증인을 원하는 데는 다 이유가 있다. 당신의 지인이 돈을 갚을 능력이

없다는 걸 알기 때문이다.

대출은 오늘날 금융회사들이 가장 적극적으로 홍보하는 상품 중 하나다. 금융회사 직원들은 자신에게 할당된 대출 상품의 숫자를 채워 실적을 올리기 위해 혈안이 되어 있다. 그러나 놀라운 것은 돈을 빌려간 사람들이 결코 그 돈을 다 갚지 못할 것이란 사실을 금융회사들이 아주 잘 알고 있다는 것이다. 이는 통계로도 증명되었다.

그렇다면 금융회사들이 안심하고 상품을 팔 수 있는 일종의 안전장치는 무엇일까? 바로 돈을 빌리는 사람들의 친구 또는 친척이 '보증'을 서도록 하는 것이다. '그동안의 신용 기록을 보아 하니 당신이 썩 믿을 만하진 않지만 돈을 빌려줘서 이자까지 챙길 수 있는 기회를 놓칠 수 없으니 주변에 믿을 만한 사람을 한 명 데려오시오'라는 식이다. 이처럼 금융회사는 돈을 빌리는 사람이 갚지 못할 가능성이 크다는 것을 이미 예상하고 있고 그를 대비한 안전장치도 마련하는 데 반해, 안타깝게도 매일 많은 사람이 주변인을 위해 보증을 서주며 위태로운 낭떠러지에 서기를 자처한다.

왜 많은 사람이 금융회사의 판단과 통계를 무시하고 다른 이의 대출에 마음씨 좋게 보증을 서주는 걸까? 이성적으로 판단하면 보증을 서주는 것은 섣불리 하기 힘든 일이다. 그런데 어찌 된 일인지 보증을 서달라는 말을 들으면 갑자기 그 사람에 대한 믿음이 샘솟기 시작한다. "내가 아는 그 사람이라면 반드시 대출을 갚을 수 있어!"라고 말이다. 그래서 부모는 갓 결혼한 자녀가 집을 살 수 있도록 보증을 서고, 자녀가 차를 살 때도 기꺼이 보증을 선다. 물론 대출금을 갚으면서 책임감을 기를 수 있겠다는 기대도 있을 것이다. 그러나 정작 자녀가 배우는 것은 '수중에 돈도 없고 갚을 능력도 없지만 남의 돈으로도 원하는 것을 곧바로 손에 넣을 수 있다'는 나쁜 버릇뿐이다.

더욱 안타까운 점은 채무가 불이행되었을 때 보증인에게 돌아오는 불이익이 생각보다 크다는 것이다. 결국 보증인이 채무에 대한 책임을 져야 하는 것은 물론이고, 신용등급에도 손상을 입는다. 설사 돈을 빌린 사람이 대출금을 갚는다고 해도 상환기일보다 늦게 갚으면 그때마다 보증인의 신용등급에 악영향이 미친다. 미리 고지하지도 않고 차를 압류해가고, 보증인의 신용도 기록에는 압류 기록이 남는다. 압류를 당한다고 끝이 아니다. 채무액이 압류당한 차 가격보다 높다면(대부분 그럴 것이다) 채무액에서 압류 당시에 경매 처분된 가격과 그 시점까지 상환

된 금액을 제해 나온 나머지 차액을 또 갚아야 한다. 금융회사에 차를 팔아서 돈을 갚게 해달라고 할 수도 없다. 이제 법적으로 당신의 차가 아니기 때문이다. 그저 조용히 빚을 갚아야 할 뿐이다. 집에 대해 보증을 섰을 때도 결과는 이와 마찬가지다.

고전인 『잠언』에조차 '지혜 없는 사람은 남의 손을 잡고 그 이웃 앞에서 보증이 되느니라'라는 말이 나온다. 아끼는 사람을 위해 선의로 보증을 선다고 해도 가혹한 대가는 결국 당신의 몫이 될 것이다. 나 역시 대출 보증을 섰다가 대신 채무를 변제하기도 했고, 지인이 나를 위해 사업상 보증을 섰다가 내가 파산하는 바람에 그가 대신 대출을 갚은 적도 있다. 보증을 요청하는 이를 진심으로 돕고 싶다면 차라리 그냥 당신의 돈을 줘버려라! 그럴 돈이 없다고? 그렇다면 아예 보증을 서지 마라! 그 빚이 고스란히 당신 몫이 될 수 있으니 말이다.

나는 「데이브 램지 쇼」를 진행하면서 거의 매일 보증에 관한 사연을 접한다. 케빈이라는 청취자가 보내온 사연도 보증에 대한 하소연이었다. 그는 어머니의 자동차 대출에 보증을 서주었고, 혹시라도 어머니가 사망할 경우 그 빚을 갚아줄 보험도 들어놓은 상태였다. 그런데도 금융회사가 어머니의 자동차 대출을 그의 빚으로 간주해 주택담보대출 신청을 승인해주지 않는다는 내용이었다.

"아니, 케빈! 그것까지 당신의 빚으로 치는 게 당연하죠. 언젠가 당신이 갚아야 할 책임이 생길지도 모르는 돈이니까요! 명백한 당신의 빚이에요!"

금융회사는 케빈의 어머니가 사망하든 말든 안중에도 없다. 그들이 관심 있는 건 오로지 자신들이 빌려준 돈을 받아낼 수 있는지뿐이다. 만약 어머니가 빚을 갚지 못한다면 혹은 그 빚을 대신 갚아줄 보험에 문제가 생긴다면 이는 고스란히 케빈이 갚아야 할 몫이 되고, 그렇게 되었을 경우 케빈은 주택담보대출금을 제대로 상환하지 못할 수 있다. 금융회사는 이 위험성을 고려해 그에게 주택담보대출을 승인해주지 않은 것이다.

또 다른 청취자인 조는 15년 전에 동생의 주택담보대출에 보증을 섰다가 뒤늦게 문제가 되었다는 사연을 전했다. 동생의 주택이 압류된 것은 10년 전이었는데 최근에서야 경매 매각이 이루어졌고, 졸지에 그 차액인 1만 6000달러(약 1600만 원)를 보증인인 그녀가 갚아야 한다는 이야기였다. 그녀는 그동안 아무런 연락이 없다가 압류 시점으로부터 10년이 지나서야 갑자기 돈을 갚으라는 말에 화가 났다고 말했다. 이렇듯 보증인들은 앞으로 자신이 어떤 앞길을 맞이하게 될지 전혀 알지 못한다.

브라이언의 사연은 더 안타까웠다. 브라이언은 애인이 5000달러(약 500만 원)짜리 차를 살 때 보증을 섰다. 그러나 사랑스러웠던 애인은 차와 함께 온데간데없이 사라졌고, 브라이언은 그녀의 소식조차 듣지 못했다. 더 놀라운 것은 그녀가 대출금을 상환하지도 않았다는 사실이다. 이제 그는 두 갈래길 앞에 놓였다. 신용불량자가 되거나, 다시는 찾고 싶지도 않은 여자와 함께 사라져버린 차의 대출금을 갚거나. 결국 마음도 갈가리 찢어졌고 통장도 너덜너덜해졌다. 그의 사연은 보증이 어떤 결과를 가져오는지 여실히 보여준다. 그러니 찢어진 마음과 빈약해진 통장을 간절히 원하는 게 아니라면 절대 보증을 서지 말아야 한다.

잘못된 상식 : 3개월 무이자 할부는 공짜로 돈을 빌리는 것이다.
부의 진실 : 3개월 무이자 할부는 절대 공짜가 아니다.

전 세계를 완전히 현혹시키는 한심한 마케팅 탓에 우리는 필요 없는 물건, 심지어 자기 취향도 아닌 물건들을 마구 구매한다. '3개월 무이자 할부'가 그렇게 우리를 현혹하는 마케팅 수단 중 하나다. 특히 가구, 가전제품, 주방기기 업체는 무이자 할부라는 마케팅을 적극적으로 활용해 소비자를 유혹한다.

무이자 할부는 몇 가지 사항만 생각해봐도 절대 공짜로 돈을 빌리는 것이 아님을 알 수 있다. 아니, 단순하게 생각해봐도 이는 절대 공짜일 리 없다. 은행도, 카드회사도, 그 어떤 대부업체도 바보가 아닌 이상 왜 공짜로 당신에게 돈을 빌려주겠는가?

우선 생각보다 많은 사람이 제때 할부금을 다 갚지 못한다. 조사에 따르면 88%에 이르는 사람들이 계약 기간 안에 할부금을 갚지 못해 빚을 축적한다. 24~38%에 이르는 바가지 금리로 말이다.

또한 현금으로 구매하거나 일시불로 구매하면 다양한 할인 서비스를 이용할 수 있다. 일반적으로 매장에서는 일정한 매출 목표가 정해져 있고, 직원들은 그 목표를 달성하기 위해 현금으로 구매하거나 일시불로 구매하는 고객에게 할인가를 제시한다. 3개월 무이자 할부로는 이 같은 할인 서비스를 이용할 수 없고, 따라서 돈을 모아서 살 때보다 비싼 값을 지불하는 것이나 마찬가지다.

생각해보라. 아무리 순한 동물이라 해도 어느 순간 갑자기 돌변해 사람에게 달려들기도 한다. 할부 역시 그런 것이다. 언제 당신의 삶을 덮쳐버릴지 모른다.

내 라디오 프로그램에 마지라는 청취자가 사연을 보내왔다. 마지 부부는 유명한 전자제품 매장에서 대형 TV를 구매했다. 부부는 제때 할부금을 완납하지 못할 때 물어야 할 높은 이자율을 피하기 위해 약속된 날짜보다 일찍 할부금을 상환했고 영리하게 할부 서비스를 이용했다는 생각에 매우 흐뭇해했다. 그러나 그들에게는 그들도 모르는 빚이 남아 있었다. TV 계약 시 함께 딸린 상해생명보험을 미처 발견하지 못하고 덜컥 가입해버린 것이다. 자신들도 모르는 보험 잔금이 남아 있었고, 그 사실을 까맣게 몰랐던 부부는 상환 기간을 넘기는 바람에 꽤 큰돈을 날리고 말았다.

마지 부부가 바보 같다고 생각하는가? 이런 일은 생각보다 흔하다. 어떤 물건을 장기 할부로 구입할 때 딸려오는 빽빽한 계약서를 떠올려보라. 그 계약서를 전부 읽고 사인하는가? 신용카드를 하나 만드는 조건으로 무이자 할부를 활용했다가 카드를 하나 만들었다는 사실을 까맣게 잊고 몇 년 동안 연회비를 내는 일도 허다하다. 장기 할부로 휴대폰을 구입할 때 자신도 모르게 보험이나 부가 서비스 가입에 동의하는 경우는 너무 흔하다. 명심하라. 은행이나 카드회사는 자선단체가 아니다.

그들이 그토록 친절하게 돈을 빌려주려고 하는 데에는 필시 그럴 만한 이유가 있는 법이다.

잘못된 상식 : 자동차를 할부로 사는 건 너무도 당연한 일이다.

부의 진실 : 보통 백만장자들은 자동차 할부금을 내는 대신 쓸 만한 중고차를 구입한다.

너무나 일상적으로 받아들여지고 있는 자동차 할부금 때문에 우리는 평생 동안 돈 모을 기회를 놓치며 산다. 자동차 할부는 주택담보대출 다음으로 우리의 수입에서 가장 큰 지출을 차지한다. 미국 연방준비제도의 조사에 따르면, 일반적으로 미국 가정에서 64개월 동안 매달 자동차 할부금으로 내는 비용이 495달러(약 50만 원)에 달한다고 한다. 대부분의 사람이 자동차 할부금을 내면서 살아가고 있고, 게다가 평생 이 굴레에서 벗어나지 못한다. 한 차의 할부금 납입이 끝나면 곧 새 차를 '구입해야 할' 시기가 오기 때문이다. 그러나 '남들도 다 하는' 이 일반적인 자동차 할부금 납입 때문에 당신은 영영 돈을 모으지 못할 것이다. 만약 495달러를 25세부터 65세까지 매달 평균 수익률

12%(228페이지를 참고하자)인 뮤추얼펀드에 투자하면, 65세가 되는 시점에 588만 1799달러 14센트(약 60억 원)를 손에 쥐게 된다. 그런데도 일평생 자동차 할부금을 내며 살아갈 것인가?

495달러를 10개월만 모아도 낡은 중고차를 구매할 수 있는 5000달러(약 500만 원)의 현금이 생긴다. 나는 지금 당신에게 평생 값싼 고물차를 몰라고 강요하는 것이 아니다. 모아놓은 여유자금이 없다면 지금 당장은 5000달러짜리 차가 당신의 분수에 맞고, 이렇게 시작해야 돈의 주인이 될 수 있다는 말이다.

남들이 하는 것만큼은 하고 살아야 한다고 해서 불필요한 대출까지 덩달아 따라 받을 필요는 없다. 친척과 친구들이 당신의 볼품없는 차를 보고 놀릴 것 같아 무서운가? 당신의 중고차를 손가락질하는 그 사람들도 알고 보면 땡전 한 푼 없이 소득의 대부분을 자동차 할부에 들이붓고 있을지 모른다. 놀림을 받는다는 것은 오히려 당신이 매우 건강한 돈 관리를 하고 있다는 강력한 증거다.

어린 나이에 백만장자가 됐다가 3년 만에 파산해본 나는 '겉으로만 좋아 보이는 것'과 '실속 있는 것'의 차이를 분명히 안다. 겉으로만 좋아 보이는 방법을 택했을 때 내게 돌아오는 것은 빈털터리 친구들 앞에서 콧대를 세우는 것뿐이지만(당신도 똑같이 빈털터리인 주제에!), 실속 있는 방법을 택하면 부에 한 발짝 더 가까이 다가갈 수 있다.

이제 돈 관리를 제대로 하고 싶다는 마음이 들기 시작하는가? '사람들이 나를 어떻게 생각할까'가 당신을 움직이는 동기가 되어서는 안 된다. 보잘것없는 경력과 연봉에 자기 집도 없이 전셋집에 살던 친구가 어느 날 갑자기 부자 동네에 주상복합아파트를 사고 값비싼 외제 차를 몰고 다니기 시작했다고 해서 흔들리면 안 된다. 물론 그 친구가 진정한 돈의 주인이 됐을 수도 있지만, 무리한 대출과 할부로 욕심을 채웠을 수도 있다. 그런 사람들은 언제 길거리에 나앉을지 모를 일이다.

당신을 움직이게 하는 것은 남의 목소리가 아니라 당신 자신의 목표여야 한다. 체격이 왜소하고 약골처럼 보이면 어떠한가? 라이트급 권투선수인 당신이 헤비급 권투선수를 쓰러뜨릴 수 있다면 사람들은 외모와 상관없이 당신을 우러러볼 것이다. '어떻게 보이느냐'보다 '인생의 목표'가 더 중요해질 때 당신은 진정으로 돈의 주인이 될 수 있다.

나 역시 지금도 멋진 중고차를 몰고 다닌다. 사실 처음부터 그랬던 건 아니다. 파산 직후에도 나는 60만 킬로미터나 뛴 구형 캐딜락을 빌려 탔다. 그 차는 천장을 비닐로 막아놓아서 달릴 때면 낙하산처럼 바람에 펄럭이곤 했다. 그 고물차를 몰기 시작한 첫 3개월은 정말 지옥 같았다. 재규어를 타던 내가 이런 거지 같은 고물차를 몰고 다니다니!

하지만 나는 남들이 놀 때 일하고 남들이 돈을 쓸 때 돈을 모아야 남들과 다르게 살 수 있다고 믿었다. 이 확신이 내게 든든한 버팀목이 되어주었다. 오늘날 아내와 내가 원하는 것은 무엇이든 할 수 있게 된 것은 차에 대한 욕심을 버린 덕도 있다. 가식과 허영을 벗어던지고 돈과 싸워 이기기 위해 고물차를 몰고 다니는 시간을 견뎌냈고, 마침내 돈과의 사투에서 승리를 차지할 수 있었던 것이다.

평생 동안 자동차 할부금을 내는 것은 돈을 모을 기회를 자기 발로 차버리는 것과 같다. 남들이 비웃는 낡은 자동차를 기꺼이 타고 다닐 수 있는 용기와 배짱이 있다면, 몇 년 뒤 당신은 남들이 엄두도 못 내는 고급 차를 현금으로 살 수 있을 만큼 부자가 되어 있을 것이다. 당신도 백만장자들이 선택한 이 전략이 끌리지 않는가?

잘못된 상식 : 자동차는 감가상각이 크기 때문에 리스하는 것이 현명하다.

미국의 소비자 매체 《컨슈머리포트》와 금융 잡지 《스마트머니》는 자동차 리스가 차를 보유하는 가장 '비싼' 방법이라고 강조한다. 리스 비용, 다시 말해 이자율이 상당히 높기 때문이다. 자동차 업계에 퍼져 있는 딜러들의 로비가 너무 강력한 나머지 리스에 관한 정보 공개는 법으로 강제되지 않고 있다. 자동차 업계는 소비자가 단순히 렌트를 하는 것이므로 실질적인 이자율을 공개할 의무가 없다고 주장한다. 자동차 대출에는 소비자에게 대출에 관한 사항을 공개할 의무가 있다는 규정이 있지만, 리스는 이 규정에 해당하지 않는다. 따라서 소비자가 직접 계산해보지 않는 한 정확한 이자율을 알 수 없다. 나는 리스 계약서를 들고 나와 상담한 수백 명의 상담자를 통해 리스의 이자율이 평균 8~10%에 이른다는 사실을 알 수 있었다.

감가상각이 심한 제품이라면 리스를 하거나 렌트하는 편이 더 낫지 않느냐고? 꼭 그런 것은 아니며, 특히나 자동차는 더욱 그렇지 않다. 예를 들어보자. 2만 2000달러(약 2200만 원)에 판매되고 있는 차를 3년간 렌트 또는 리스한 후 반납할 때의 차 가치가 1만 달러(약 1000만 원)라면, 차액인 1만 2000달러(약 1200만 원)는 누군가 책임을 져야 한다. 제너럴모터스나 포드와 같은 유수의 자동차 회사들이 이 큰 차액에 대해 책임을 떠맡으리는 만무하다. 이 차액은 소비자가 내는 리스 비용(1만 2000달러/36개월=매달 333달러)에 포함되도록 교묘히 계약서상에 설계되어 있다. 자동차 회사의 수익(이자율)도 포함해서 말이다.

자동차 회사가 리스 판매를 통해 당신으로부터 얻고자 하는 수익은 이뿐만이 아니다. 계약된 주행거리를 초과하면 추가로 돈을 내야 하며, 리스 기간이 끝나서 반납할 때가 되면 차량 내외부의 손상에 대해서도 비용을 내야 한다. 조그만 자국, 얼룩, 찌그러짐, 카펫 손상, 냄새 등 모두에 대해서 말이다. 반납 시 자동차 회사가 이런 비용들을 청구하는 이유는 두 가지다. 이 비용들에 대한 감면 혜택을 준다는 핑계로 새로운 리스 계약을 따내려는 심산이고, 결과적으로 수익을 더 내기 위해서다.

《스마트머니》의 기사 중 미국 자동차딜러협회의 말을 인용한 부분에 따르면, 자동차 매장이 새 차를 현금으로 판매하면 평균적으로 82달러(약 8만 원)의 수익이 남는다. 이때 소비자가 할부를 이용하면 차량당 수익은 775달러(약 78만 원)로 껑충 뛴다. 나아가 소비자가 자동차 회사 소유의 금융사(캐피탈)를 통해 리스 계약을 맺을 경우에는 무려 1300달러(약 130만 원)의 수익이 남는다. 리스와 할부 구매에 대해 딜러들이 왜 그렇게 열을 올리며 설명하는지 이제 이해가 되는가?

자동차 리스는 점점 더 보편화되고 있다. 자동차 매장이 가장 크게 수익을 남길 수 있는 방식이기 때문이다. 이제 사람들은 차를 사러 가서 "가격이 얼마인가요?"라고 묻는 대신 "계약금은 얼마고 매달 얼마를 내면 되죠?"라고 묻는다. 당장 얼마를 내야 하는지에만 집중하다 보니 결국 리스를 택하는 것이다. 대개 다른 방법들에 비해 매달 드는 금액이 가장 적기 때문이다. 그러나 장기적으로 봤을 때 리스는 다른 방법들에 비해 훨씬 비싸다. 원하는 물건을 지금 당장 사달라고 떼쓰는 어린아이가 되어서는 안 된다. 돈의 주인이 되려면 먼저 어린아이 같은 욕심을 버리고 이성적으로 생각해야 한다. 차를 살 돈도 없으면서 대체 왜 자동차 대리점을 기웃거리는가?

크레이그라는 한 청취자는 자신의 공인회계사가 차를 리스하라고 조언했는데 어떻게 해야 할지 자문을 구해왔다. 그의 회계사는 크레이그가 사업체를 운영하고 있기 때문에 차를 리스해 경비로 처리하는 편이 더 유리하다고 주장했다. 세금 공제 혜택을 받을 수 있다는 것이다. 그는 현금을 2만 달러(약 2000만 원)

나 가지고 있었으므로 충분히 좋은 중고차를 살 수 있었음에도, 회계사의 조언에 따라 3만 달러(약 3000만 원)짜리 새 차를 리스로 구입할지 고민 중이었다. 이때 크레이그는 두 가지 사실을 고려해야 한다.

첫째, 전체 리스 중 98%를 차지하는 신차 리스는 사업상 현명한 선택이 아니다. 새 차는 가치가 급속도로 하락하기 때문이다. 둘째, 세금 공제를 받으려고 불필요한 지출을 하는 건 어불성설이다.

크레이그의 경우를 예로 들어 계산해보자. 매달 416달러(약 42만 원)의 리스 비용을 낸다고 치면, 1년에 5000달러(약 500만 원)가 든다. 그리고 차량을 업무에 100% 이용했다고 치자(그러나 사실 차를 100% 업무용으로만 사용하기는 힘들며, 비업무용으로 사용한 것을 업무용 지출로 올리면 대개 감사에서 드러난다). 이 경우에 받을 수 있는 세금 공제는 1500달러(약 150만 원)다. 1500달러의 혜택을 받겠다고 5000달러의 리스 비용을 내겠다는 말인가? 게다가 가장 가치가 하락하는 기간인 첫 한 해가 이미 지난, 즉 감가상각에 대한 걱정을 하지 않아도 되는 2만 달러짜리 중고차를 두고 앞으로 가치가 급속도로 하락할 일만 남은 3만 달러의 새 차를 사는 게 옳은 선택인가?

복잡한 세금에 관한 이야기가 잘 이해되지 않는다고? 그렇다고 해도 걱정할 필요 없다. 단 한 가지만 기억하면 된다. 자동차를 구입할 때 리스는 절대로 현명한 방법이 아니라는 사실 말이다.

잘못된 상식 : 무이자 할부를 이용하면 공짜로 돈을 빌려 쓰고, 훨씬 부담도 덜 되므로 차는 무이자 할부로 사는 편이 이득이다.

부의 진실 : 새 차의 가치는 제조 년도를 기준으로 첫 4년 동안 60% 떨어진다. 당신은 몇 년 후 가치가 현저히 떨어진 상품에 이전과 똑같은 비용을 지불하고 있을 것이다.

지금까지 새 차를 구입하는 다양한 방법에 대해 알아보았다. 이제 당신이 평범한 '흙수저'라면, 즉 단지 깨끗한 새 차 냄새가 좋다는 이유로 수천 달러를 길바닥에 뿌려도 상관없는 백만장자가 아니라면 새 차를 사는 것이 얼마나 낭비인지를 이해했을 것이다. 연식이 3년 미만인 중고차는 성능도 꽤 괜찮다. 비교해 보면 오히려 새 차보다 나을 수도 있다. 2만 8000달러(약 2800만 원)짜리 새 차는 4년간 주행하고 나면 그 가치가 1만 7000달러(약 1700만 원)나 줄어든다. 거의 매주 100달러(약 10만 원)의 가치가 하락하는 셈이다. 아직도 실감이 잘 나지 않는가? 그렇다면 일주일에 한 번씩 출근할 때마다 창문을 열고 100달러짜리 지폐를 날려보길 바란다. 매주 100달러를 잃는다는 것이 어떤 기분인지 바로 느낄 수 있을 것이다.

내가 조사한 바에 따르면 일반적으로 백만장자들은 할부금이나 리스 비용을 내지 않아도 되는, 출고된 지 2년 정도 된 중고차를 산다. 현금으로 차를 사는 것이다. 백만장자들은 급속도로 가치가 떨어질 새 차에 불필요한 돈을 쓰지 않는다. 이것이 바로 그들이 백만장자가 될 수 있었던 이유다. 물론 당신이 정 원한다면 새 차를 몰아도 좋다. 다만 큰돈을 잃어버려도 눈치채지 못할 만큼 돈이 많아지기 전까지는 남들이 부러워하는 고급 차를 사지 말길 권한다.

무상 보증기간 때문에 새 차를 사려는 사람도 많다. 그러나 첫 4년 동안 1만 7000달러의 가치가 떨어진다는 사실을 생각하면, 무상 보증을 위해 내는 돈이 지나치게 크다는 걸 알 수 있다. 1만 7000달러면 완전히 박살 난 차도 두 번이나 수리할 수 있다. 게다가 연식이 얼마 안 된 차를 구매하면 웬만해서는 무상 보증기간이 남아 있을 것이다.

건강한 돈 관리를 하겠다고 마음먹으면 최소 몇 년간은 소위 '똥차'를 몰아야 할 수도 있다. 하지만 그만큼 더 빨리 당신의 목표에 다가갈 수 있다. 그래도 여전히 더 근사해 보이고, 승차감도 좋은 새 차가 아른거리는가? 그렇다면 몇 달 동안만 매주 창문 밖으로 100달러짜리 지폐를 내던져보길 강력히 추천한다.

잘못된 상식 : 대금을 제때 내기만 하면 다양한 혜택을 받을 수 있으므로 신용카드 사용은 이득이다.

부의 진실 : 신용카드 사용자의 60%가 제때 카드 대금을 상환하지 못하는 데다가 보통 혜택을 거의 모르고 산다.

정말 많은 신용카드 회사가 고객을 유치하기 위해 사은품 증정, 포인트 적립, 무료 현금서비스 등 다양한 마케팅 방법을 사용하고 있다. 그런데 왜 신용카드 회사들은 이렇게 숱한 혜택을 제공하면서까지 카드를 발급해주려고 안달일까? 이렇게 퍼주고 나면 카드 회사에 남는 게 있을까? 다 쓸데없는 걱정이다. 신용카드 회사들은 이 거래의 승자가 결국 자신들이 될 것임을 100% 확신하고 있다.

당신은 공짜라고 신나서 받아 온 사은품이나 적립 포인트를 과연 얼마나 잘 활용하고 있는가? 미국 케이블 뉴스 채널인 MSNBC의 보도에 따르면, 신용카드 발급을 통해 지급된 포인트 중 90%가 사용되지 않은 채 그대로 잠들어 있다고 한다. 매장을 방문했을 때 각종 할인 혜택을 준다는 말에 혹해 신용카드를 발급받았다가 할인 혜택을 잊어버리고, 다른 매장에서 또 할인 혜택을 준다는 말에 새로운 카드를 발급받는 것이 우리의 현실이다.

누군가는 '월급을 받아 제때 대금을 갚고 카드가 제공하는 각종 혜택은 잘 메모해두었다가 요모조모 잘 활용하면 되지!'라고 생각할 것이다. 하지만 그 생각도 틀렸다. 애초에 신용카드를 사용하면 건강한 돈 관리를 하는 것 자체가 힘들다. 맥도널드 매장에서 신용카드 사용자의 소비 행태를 조사한 결과, 소비자들은 현금으로 햄버거를 살 때보다 신용카드로 결제할 때 47% 더 많이 돈을 썼다. 현금으로 내면 돈이 나가는 것이 내 눈에 보이므로 덜 쓰게 되는 것이다.

그렇다면 백만장자들은 어떻게 물건을 살까? 그들이 사은품을 받고, 신용카드 포인트를 쌓으며, 가맹점 할인 혜택을 이용해서 부자가 된 걸까? 당연히 그럴 리 없다. 반대로 파산한 사람들은 어떨까? 그들 대부분은 신용카드 오남용으로 인해 파산을 겪었다. 미국파산연구소가 조사한 바에 따르면, 파산을 신청한 사람 중 69%가 신용카드 때문에 그 지경에 이르렀다고 고백했다. 파산한 사람들은 신용카드를 즐겨 쓰고, 백만장자들은 현금을 쓴다.

당신은 누구의 습관을 따라 할 것인가?

잘못된 상식 : 자녀에게 신용카드를 쓰게 해 돈에 대한 책임감을 가르쳐야 한다.

부의 진실 : 신용카드는 자녀에게 돈에 대한 무책임을 길러주는 가장 좋은 수단이다.

신용카드를 자녀의 손에 쥐어주는 것은 사랑하는 자녀를 상어가 득실대는 바다 한가운데에 밀쳐 넣는 행위와 같다. 아직 성숙하지 않은 자아로 무분별하게 카드를 쓰게 하면 당신과 자녀 모두 평생 잊지 못할 고통을 안게 될 것이 뻔하다.

실제로 많은 대학생이 제대로 된 직장을 잡기도 전에 신용카드 빚으로 고통받고 있다. 신용카드 회사는 '성인이 되는 통과 의례가 신용카드 발급'이라고 광고하며 대대적인 마케팅으로 어린 고객을 유치하는 데에 열을 올린다. 그래서 10대 중 대다수가 신용카드와 운전면허증을 가져야 비로소 성인이 된다고 생각한다. 안타깝게도 두 가지 모두 진정한 의미의 성인이 되는 것과는 아무런 관련이 없다.

10대 자녀가 신용카드를 사용하면 책임감 있게 소비하는 습관을 기를 수 있을까? 절대 그렇지 않다. 권총을 머리맡에 놓고 자게 한다고 해서 아이가 총을 책임감 있게 사용할 리가 없지 않은가? 상식이 있는 부모라면 어린 자녀에게 음주 후의 매너를 가르친다는 이유로 술을 만취하도록 먹이지는 않을 것이다. 자녀에게 돈에 대한 책임감을 가르쳐주려면, 신용카드로 빚을 내서 물건을 사고 싶다는 유혹에 코웃음 칠 수 있는 소신부터 길러줘야 한다.

많은 대학교 캠퍼스에서 좌판을 깔아놓고 신용카드 영업을 하는 모습도 어렵지 않게 볼 수 있다. 평생 고객을 유치하고자 하는 신용카드 회사의 마케팅에 속아 끔찍한 비극이 종종 발생하기도 한다. 실제로 오클라호마주에서는 두 명의 대학생이 신용카드 대금에 절망한 나머지 청구서를 머리맡에 두고 자살한 일이 벌어지기도 했다.

빈스라는 한 청취자는 마치 유행처럼 퍼지고 있는 문제로 내게 사연을 보내왔다. 사은품을 준다는 말에 대학교 2학년 때 여러 장의 신용카드를 발급받은 것이 화근이었다. 처음에는 그도 정말 필요할 때가 아니면 신용카드를 사용하지 않겠다고 마음먹었다. 하지만 '정말 필요한' 상황은 매주 벌어졌고, 얼마 지나지 않아 그에게는 2만 달러(약 2000만 원)의 카드 빚이 생겼다. 학생 신분으로는 도저히 빚을 감당할 수 없어서 그는 결국 휴학하고 돈을 벌기 시작했다. 대학을 졸업하지 않은 그의 급여는 최저 시급 수준이었다. 심지어 그에게는 이미 2만 7000달러(약 2700만 원)의 학자금 대출까지 있었다. 학자금 대출은 학교를 다니는 동안에는 상환할 의무가 없지만, 학교를 그만두는 순간 상환 의무가 시작된다. 안타깝게도 그는 21살의 나이에 4만 7000달러(약 4700만 원)의 빚을 갖게 되었다. 이보다 더 끔찍한 사실은 빈스와 같은 경우가 생각보다 꽤 많다는 것이다.

신용카드 회사들이 10대와 20대 초반 대학생들을 적극적으로 공략하는 이유는 브랜드 충성도 때문이다. 신용카드 회사들의 자체 조사 결과에 따르면 소비자들은 자신을 처음 성인으로 인정해 신용카드를 발급해준 브랜드에 대단히 높은 충성도를 보인다고 한다. 내 강연장에 참석해 직접 가위로 신용카드를 자르는 모습을 보면, 특히 대학생 때부터 갖고 있던 첫 신용카드에 대한 애착과 정서적 집착이 놀라울 만큼 상당하다는 것을 알 수 있다. 그들은 신용카드를 마치 오래된 친구처럼 꼭 붙잡고 있었다. 브랜드 충성도라는 것이 실로 대단하다는 것을 느낀다.

아이들을 대상으로 한 무서운 브랜드 각인

요즘에는 어린 자녀들에게도 경제 관념과 돈 관리 교육이 필요하다. 각종 브랜드가 아이들을 무분별한 소비의 세계로 이끌기 위해 최선을 다하고 있기 때문이다.

내 아들이 11살이던 무렵, 아침을 먹다가 시리얼 박스 뒷면에 인기 만화 주인공이 '비자카드'를 사용하는 광고가 그려져 있는 걸 보고 기겁했던 기억이 난다. 시리얼은 어린이용이었고 그 광고 역시 명백히 어린이를 대상으로 한 광고였다. 이처럼 신용카드 회사들은 아이들을 대상으로, 그것도 아주 이른 나이부터 신용카드가 '마법의 카드'라고 주입하고 있다.

또 몇 년 전에는 '마스터카드'의 협찬을 받은 '바비의 즐거운 쇼핑'이라는 장난감이 출시되었다. 물론 이 인형의 손에는 마스터카드가 들려 있었고, 인형이 카드를 긁으면 장난감 속 스피커에서 "카드가 승인되었습니다"라는 음성이 나왔다. 소비자들의 거센 반발로 이 제품은 곧 생산이 중단되었으나, 얼마 후 다시 '쇼핑 계산대의 바비'가 출시되었다. 바비라는 친구는 참 쇼핑을 좋아하나 보다. 이번에는 마트 계산대에서 '아메리칸익스프레스' 카드로 계산하는 인형이었다. 왜 신용카드 회사들이 어린아이들을 대상으로 한 브랜드와 협업

하며 이처럼 홍보에 열을 올리는 걸까? 이는 아이들의 머릿속에 브랜드를 일찍부터 각인시켜 성인이 되었을 때까지도 영향을 미치기 위해서다.

우리 부부는 아이들이 건강한 상식으로 돈을 관리할 수 있는 방법을 찾아냈다. 우리는 아이들에게 용돈을 주지 않는 대신 집안일을 도우면 그에 합당한 돈을 주었다. 일하면 돈을 받고 일하지 않으면 돈을 벌지 못한다는 것을 가르친 것이다. 동시에 성인으로서 살아가는 데 필요한 기본 자격을 경험하도록 해주었다.

아이들은 우리에게 돈을 받을 때마다 '저축', '소비', '기부'라고 쓰인 봉투에 돈을 넣어 관리했다. 부모의 성숙한 지도 아래 일하고, 돈을 벌고, 저축하고, 소비하는 습관을 익히면 아이는 성인이 되어서도 '신용카드를 많이 사용하는 사람이 부자'라는 잘못된 마케팅에 속지 않을 수 있다.

잘못된 상식 : 대출이 없으면 경제가 무너질 것이다.

부의 진실 : 그렇지 않다. 경제가 오히려 활성화된다.

간혹 경제학자들은 대출이 국가 경제를 견인하는 원동력이라고 말한다. 터무니없는 주장이 아닐 수 없다. 내 꿈은 많은 사람이 빚에서 벗어나 건강하게 돈을 관리함으로써 돈의 진실에 도달하는 것이다. 그러나 안타깝게도 매년 70억 장의 신용카드가 신규로 발급되는 한, 나는 빚에서 허덕이는 사람들을 위해 1000만 권의 책을 팔 수 있을 것이고 재무상담사로서 더 승승장구할 것이다. 맥도널드 매장이 100미터 간격으로 있는 이상 효과적인 다이어트 프로그램이 아무리 많아도 모든 사람의 살을 빼주진 못하는 것처럼 말이다.

재미있는 상상을 해보자. 만약 전 세계 모든 사람이 1년 동안만 어떤 종류건 빚지는 일을 멈춘다면 어떻게 될까? 아마도 경제가 무너질 것이다. 그렇다면 전 세계 모든 사람이 50년간 빚지는 걸 멈추고 진정한 돈의 주인이 되어 남은 빚을 모두 청산한다면 어떻게 될까? 그때는 경제가 번성할 것이다. 은행이나 카드 회사나 대출업체들은 조금 입장이 다르겠지만 말이다.

만져볼 틈도 없이 월급통장을 스쳐 지나가던 돈이 차곡차곡 쌓이면 어떻게 될까? 더 많이 저축하고 소비할 것이다. 대출금 이자를 갚느라 무의미하게 돈을 버리지도 않을 것이다. 빚으로부터 자유로운 사람들이 전 세계 경제를 활성화시킬 것이 분명하다. 은행을 먹여 살리느라 피골이 상접한 자신의 모습을 보고 눈물 짓는 사람들도 없어질 것이다.

저축과 안전한 투자를 통해 전례 없는 수준으로 국민들의 재산이 증가하면 경제는 더욱 안정되고 소비가 늘어나게 된다. 자연히 기부가 증가하며 이에 따라 많은 사회 문제가 민간 차원에서 해결될 것이다. 그렇게 되면 정부가 복지에 신경 쓸 일도 줄어든다. 이는 곧 세금 감소로 이어지고, 세금이 줄어듦에 따라 국민은 더 큰 재산 증진의 혜택을 누릴 수 있다.

부의 양극화를 우려하는 사람들은 정부에게 문제 해결을 기대할 필요가 없다. 모든 사람들이 7가지 돈의 연금술을 깨닫고 그에 따라 행동하기 시작한다면 말이다.

빚은 당신이 아닌
은행만 배불린다

빚이 돈을 벌게 해주는 수단이 아니라는 것을 이제 이해했는가? 이 잘못된 믿음, 그리고 이로부터 파생된 오해들이 여전히 우리 사회에 널리 퍼져 있다. 거짓말도 자주, 크게, 오래 하면 사실이 된다는 점을 항상 명심하라. 부채는 은행이 부자가 되는 방법일 뿐 당신을 부자로 만들어주지 않는다.

돈을 빌리는 즉시 당신은 은행의 노예가 될 것이다.

재산을 모을 수 있는 가장 효과적이고 빠른 수단은 당신이 매달 버는 수입이다. 수입을 제대로 활용하지 못하고 대출금과 신용카드 대금을 갚는 데 다 써버리면 결코 돈과 싸워 이길 수 없다. 당신이 번 수입을 올바른 곳에 투자해 돈을 불리면 진정한 경제적 자유를 얻을 수 있다.

오직 '수입'과 '투자'만이 부를 쌓는 지렛대라는 걸 잊지 말길 바란다.

4장

레버리지 신화에서
벗어나라

돈에 관한 잘못된 신화를 굳게 믿는 사람들은 손쉽게 부자가 되거나 아무런 리스크 없이 돈을 버는 방법이 있다고 믿는다. 노력도 없이, 위험 부담도 없이 부자가 되고 현명해지기까지 하는 방법은 존재하지 않는다. 그러나 사람들은 손쉽게 부자가 되길 바라면서 복권을 사고, 자신의 직장은 '철밥통'이라고 굳게 믿으며 그토록 싫어하는 직장에 꼭 붙어 있다.

7가지 돈의 연금술에는 공통된 명제가 있다.

노력 없는 성취는 없으며, 따라서 부자가 될 수 있는 손쉬운 지름길도 없다는 것이다.

은행과 정부가 당신에게 그려서 보여주는 보물 지도를 아무리 따라가도 보물은 나오지 않는다. 보물섬 같은 건 원래 없기 때문이다. 물론 그렇다고 해서 무조건 고통스러운 길을 걷거나 위험한 길, 희생하는 길을 선택하라는 말은 아니다. 굳이 그럴 필요도 없다. 다만 무언가가 너무 좋게만 들린다면 그 길은 분명 고난으로 이어지게 되어 있다는 점을 명심해야 한다. 누군가가 아주 간단하게 부를 얻을 수 있는 방법이 있다고 한다면, 그것은 십중팔구 사기이니 넘어가지 말자.

돈에 대한 잘못된 신화는 주로 두 가지에 뿌리를 둔다.

첫째는 '위험을 부정하려는 경향'이다. 자신은 완벽히 안전할 것이라는 착각에 빠져 위험을 부정한다. 자신의 회사는 영원하리라는, 그래서 소득도 안정적일 것이라는 착각이 그 대표적인 사례다.

둘째는 '쉽게 부를 얻는 방법이나 보물 상자를 여는 마법의 열쇠가 존재한다는 착각'이다.

허황된 신화를
부추기는 생각의 뿌리

첫 번째 뿌리인 위험 부정은 여러 형태로 나타나는데, 가장 대표적인 것이 '게으름'이다. 돈과 싸워 이기려면 당연히 힘이 필요한데 많은 사람이 힘을 기르려는 노력조차 하지 않는다. 때로는 얼마 싸워보지도 않고 지레 겁을 먹어 항복하기도 한다. 흠씬 두들겨 맞기만 하고 반격하기는커녕 그대로 항복한 채 어리석은 선택에 안주한다. 존재하지도 않는 '안전지대'를 굳게 믿기도 한다. 회사는 언제든 당신을 해고할 수 있고, 갑작스럽게 부도가 날 수도 있는 곳이다. 그럼에도 내 회사는 안전할 것이라고 맹신하고, 십여 년이 넘도록 "회사 다니기 싫다"라고 외치면서도 계속 같은 직장을 다닌다. 위험에 대한 부정은 환상으로 시작해 환멸로 끝날 수 있음을 알아야 한다.

잘못된 신화를 강화하는 두 번째 뿌리는 '쉽게 부자가 되는 방법이 있을 것'이라는 믿음이다. 빠르고 쉽게 돈을 버는 수단이 있다는 믿음은 역사에 인류가 등장한 이래 가장 오래된 오해 중 하나다. 전자레인지에 돌린 냉동식품이 제대로 조리한 음식의 맛을 따라가기는 어려우며, 인스턴트커피가 원두를 직접 갈고 오랫동안 추출해낸 드립 커피의 향을 내기는 어렵다.

부자가 되는 길에는 오직 정도正道만이 존재할 뿐 지름길이나 편법은 없다. 마법의 열쇠는 애초에 존재하지 않는데도 그것만 찾아 헤매다가 지름길은커녕 목적지에 닿지도 못하고 헤매기만 하는 고통에 빠질 수 있다. 한 목사는 "올바르게 사는 것은 복잡하지 않습니다. 다만 힘들 뿐입니다. 힘든 것과 복잡한 것은 다르지요"라고 말했다. 돈 문제도 이와 마찬가지다. 제대로 돈을 모으는 법은 전혀 복잡하지 않지만 실천하기는 분명 쉽지 않다.

복권은
가난한 사람들에게 걷는 세금이다

앞 장에서 나는 진정한 돈의 주인이 되기 위해서는 빚에 대한 잘못된 상식을 타파해야 한다고 했다. 빚에 대한 잘못된 상식만큼이나 위험한 것이 바로 '부에 대한 허상'이다. 이 허상에 사로잡히면 우리는 쉽게 위험을 부정하고 쉽게 부자가 되는 편법만을 찾게 되기 때문이다.

살못된 상식 : 모아둔 돈이 없어도 노후는 괜찮을 것이다.

부의 진실 : 당신을 구해줄 백마 탄 기사는 없다.

당신이 곤경에 처했을 때 언제든 달려와서 구해줄 백마 탄 기사 따위는 없다. 밥 한 끼 사 먹을 돈이 없어서 생계형 구걸에 나서고 폐지를 주워 근근이 살고 싶지 않다면 지금 당장 그 허황된 꿈에서 깨길 바란다. 정부가 당신의 노후를 책임져줄 거란 환상도 진작에 버리길 바란다. 정부란 돈 관리에는 통 재주가 없으며 무능력하기 짝이 없는 기관이다. 어느 나라를 막론하고 정부는 재정 적자에 시달리고 있다. 노후는 당신 스스로 책임져야 한다. 발등에 불이 떨어진 심정으로 시급하게 준비하라! 당장 미래를 위해 투자해야 한다. 아무것도 하지 않은 채로는 절대로 노후에 '괜찮지' 않을 것이다.

지금이야 당신이 젊고 유능하기 때문에 불러주는 직장이 많을 것이다. 지금에 안주해 앞으로도 그럴 것이라 생각한다면 오산이다. 스스로 준비하지 않는 한 당신에게 밥상을 차려줄 사람은 아무도 없다. 품위 있고 여유로운 노후를 보내느냐, 그렇지 못하느냐는 전적으로 당신 하기에 달려 있다. 개인적으로 나는 은퇴 후 내가 체인점을 하나 차렸으면 차렸지, 맥도널드에서 아르바이트를 하는 신세가 되고 싶지는 않다.

> 잘못된 상식 : 금은 좋은 투자 수단으로, 경제가 무너져도 자산을 안
> 전하게 지켜줄 것이다.
> 부의 진실 : 역사적으로 볼 때 경제가 무너지면 금은 아무런 쓸모가
> 없다.

일반적으로 금은 안전한 투자 자산으로 여겨진다. 오랜 역사 동안 물물과 서비스 교환의 기준이 되어 왔고, 이런 이유로 세계 경제가 무너져도 금만큼은 유일하게 그 가치를 유지할 것이라는 신화가 팽배해 있다. 그래서 사람들은 금이 안전하고 리스크 없는 자산이라는 환상을 안은 채 금덩이를 사서 금고에 쌓아 놓고 각종 금 관련 상품에 투자를 한다.

그러나 실상 금의 수익률은 오랜 기록을 놓고 볼 때 평범한 수준이고, 그 높은 기대에 비해서는 형편없다고까지 할 수 있다. 나폴레옹이 이름을 떨치던 18세기부터 지금까지 금의 연간 평균 수익률은 2%였고, 최근 50년 동안은 4.4%의 수익률을 보였다. 기껏해야 평균 물가상승률과 비슷한 수준이고 예금 금리보다 조금 높을 뿐이다. 같은 기간 동안 12%의 수익률을 보인

성장수 뮤추얼펀드보다 한참 떨어진다. 거기다 이 기간 동안 금 값은 심한 변동을 겪었고 위험 요인도 많았다.

물론 2001년 이후 몇 번 금값이 급등하긴 했다. 하지만 이는 최근 인류 역사상 겨우 5년 정도였을 뿐이고, 9·11 테러와 2008년에 벌어진 세계 경제 위기 때 경제가 붕괴될 것이라고 겁을 주던 비관론자들의 주장 때문에 생긴 일시적인 현상에 불과했다.

경제가 완전히 붕괴해도 금의 가치는 폭등하지 않는다. 역사를 돌이켜보아도 경제가 붕괴했을 때 가장 각광을 받은 것은 금이 아니라 생필품이었다. 경제가 파탄나면 당장 필요한 생필품을 맞교환하는 암시장이 생겨나지, 금의 가치가 급등하지는 않는다. 원시시대에도 마찬가지로 금보다는 생필품이 주요한 교환의 수단이었다. 특정 기술이나 옷, 원료와 같이 직접적으로 먹고사는 데 도움이 되는 재화들의 가치가 중요해지지, 금덩이나 지폐 따위를 쳐다보지 않는다는 말이다.

그리고 역사적으로 경제 위기나 전쟁으로 폐허가 된 나라들에 새 정부가 들어서면 새로운 화폐를 발행하곤 했는데, 이때도 금을 찾는 사람은 없었고 따라서 금의 가치가 폭등하지도 않았다. 금고에 금덩이를 잔뜩 쌓아놓고 경제 위기를 대비한다고 자부했던 사람들은 막상 경제가 붕괴되면 남들이 한낱 빵으로도 바꿔주지 않는 금덩이를 야속한 눈으로 바라보며 땅을 치고 후회할 것이다.

잘못된 상식 : 일주일에 3시간만 일하고서도 쉽고 빠르게 부자가 되는 방법이 있다.
부의 진실 : 일주일에 3시간만 일하고서 1억 원의 수입을 버는 사람은 없다.

최근에 나는 500%의 수익을 올릴 수 있는 투자처를 알려주겠다는 메일을 받았다. 그 메일을 보낸 사람은 투자 전망이 매우 밝을 것을 확신했고, 자신의 친구들도 여기에 투자해 짭짤한 수익을 올렸다고 강조했다. 그러면서 자신은 너무 바쁜 사람이지만 내가 만나겠다고 하면 시간을 낼 수 있다고 덧붙였다. 이렇게 놀라운 투자처를 알고 있는 사람이 왜 나에게 이토록 친절하단 말인가? 나를 언제 봤다고 이런 정보를 알려준단 말인가?

자, 이쯤 되면 눈치챘으리라 믿는다. 이런 투자 권유는 내 자본금을 노린 전형적인 사기다. 이처럼 엄청난 수익률을 장담하며 비슷한 수법으로 당신에게 접근하는 사람이 있다면 조목조

목 따져볼 필요도 없이 뒤도 돌아보지 말고 그를 멀리하라.

나 역시 아무것도 몰랐던 젊은 시절에는 이런 사기 수법에 자주 걸려들었다. 조금 더 나이가 들어서는 이런 제안을 하는 사람들을 직접 만나서 그들이 제시하는 투자 수익률이 진짜인지 아닌지, 논리적인 오류에 대해 지적하고 토론을 벌이곤 했다. 그러나 이제는 조금만 들어도 금방 사기인 것을 알아챈다. 이런 사람들은 수익은커녕 당신에게 손해와 고통만 안겨줄 것이 분명하다.

신문이나 지하철 광고에서 토지나 주식 투자를 통해 '대박'을 내는 비법을 알려주겠다는 광고를 본 적이 있을 것이다. 소액 창업이나 재택 부업으로 매달 꾸준한 소득을 올릴 수 있다는 광고도 SNS나 문자 메시지를 통해 자주 접한다.

다시 한번 말하지만 부자가 되는 길에는 정도만 존재할 뿐 지름길이나 편법은 없다.

이는 쉽게 돈 버는 방법을 미끼로 교육비나 가맹점 가입비, 컨설팅비, 회비 등을 뜯어내려는 속셈이다. 각기 받는 비용의 이름은 다르지만 결국 부업으로 가계 수입을 보충해보려는 주부나 은퇴한 사람들의 주머니를 노리는 얄팍한 수법이다. 집에서 소일거리로 부업을 해서 억대 부자가 되었다는 주부를 한 번이라도 본 적이 있는가?

이 중에서도 부동산은 자기 자본을 크게 들이지 않고도 살 수 있는 매력적인 투자 수단이다. 그러나 매달 들어가는 원리금 상환액과 이자가 많아서 엄청난 월수입을 벌어들이는 경우가 아니라면 현금 흐름이 막혀버리는 사태가 벌어질 수 있다. 나 역시 경매를 통한 부동산 투자로 큰돈을 벌어봤기 때문에 적절한 전략을 사용하면 초기 자본을 크게 들이지 않고도 집을 살 수 있다는 걸 잘 안다. 하지만 그 초기 자본은 반드시 현금이어야 한다. 결국 최후의 승자는 손에 돈을 쥐고서 투자하는 사람들이다. 초기 자금 없이도 성공할 수 있는 호재는 200건 중 1건이 나올까 말까다. 그것도 실력이 뛰어난 베테랑에게만 해당하는 이야기다. 나는 1억 달러(1000억 원)가 넘는 수입을 만들기까지 수년을 고생했고, 일주일에 꼬박 60시간을 일했다.

그렇다면 주식 투자는 어떨까? 주식 시장은 머리가 비상한 사람들이 모여드는 곳이다. 세계 곳곳의 똑똑한 인재들이 매일 주식 차트를 분석하면서 주식 시장과 함께 숨을 쉰다. 이렇게 비상한 두뇌를 가진 사람들도 수십 년을 공부해서 투자하는 이 치열한 주식 시장에도 '대박 차트의 비밀'이나 '단숨에 당신을 부자로 만들어줄 비법'에 대해 알려주겠다는 사기꾼들이 해마다 등장해 돈 없고 힘 없는 개미들을 유혹한다.

실제로 벌어진 사건을 하나 소개하겠다. '비어즈타운레이디스클럽'이라는 투자 클럽이 펴낸 책 한 권이 《뉴욕타임스》 베스트셀러가 된 적이 있다. 주부들이 취미 모임으로 모였다가 함께 투자를 시작해 놀라운 수익을 얻었다는 내용이다. 그러나 이 저자들이 그런 놀라운 수익을 올린 적이 없다는 의혹이 제기됐고, 모든 게 거짓으로 판명나면서 출판사는 고소를 당했다. 다우존스지수에서 바닥을 기록한 종목들을 매수해 엄청난 수익을 올리는 노하우를 공유한 『Dogs of the Dow(다우의 개)』라는 책도 출간되었는데, 저자는 이 책의 비결이 틀렸다는 사실이 드러난 후에도 채권 투자에 대해 알려주는 또 다른 책을 출간했다. 아직도 특출 난 투자 비법을 알려주겠다는 책들을 사서 읽어보고 싶은가?

열심히 땀 흘려 일하고, 버는 돈보다 적게 지출하고, 빚에서 하루 빨리 탈출하고, 계획을 세워서 알뜰하게 살아야 한다는 혹독한 내용을 담은 책은 도통 팔기가 쉽지 않다. 사람들이 매력적으로 느끼지 않기 때문이다. 그러나 인생의 쓴맛을 보고 돈의 진실을 깨달은 나는 잘못된 상식의 희생자가 되어 샛길로 새고 있는 수많은 사람을 그저 바라만 보고 있을 수 없었다. 빠르고 쉽게 부자가 되는 길이 없다는 사실을 일찍 깨달으면 깨달을수록 당신은 부자가 되기 위해 들이는 시간을 단축시킬 수 있다.

잘못된 상식 : 환급형 종신보험은 노후 대비에 매우 도움이 되는 상품이다.

부의 진실 : 환급형 종신보험은 최악의 보험 상품 중 하나다.

안타깝게도 현재 판매되고 있는 종신보험의 70%가량이 만기 환급형 상품이다. 환급형이란 보험과 저축의 기능을 동시에 담은 상품을 뜻하는데, 알고 보면 해지 시 환급금이 형편없기 때문에 이 상품을 투자의 개념으로 생각해서는 안 된다. 물론 보험설계사들은 구구절절 이 상품의 장점과 복잡한 공식을 보여주며 당신을 유혹하겠지만, 실제로는 전혀 그렇지 않다.

예를 하나 들어보자. 32세의 남자가 매달 100달러(약 10만 원)를 납입하는 환급형 종신보험에 가입하려고 다섯 군데의 보험회사를 알아보고 있다. 조사해보니 그가 사망할 경우 가족은 약 12만 5000달러(약 1억 2500만 원)의 보험금을 받게 된다. 보험사들은 흔히 이 환급형 종신보험에 가입하면 환급받은 돈으로 은퇴 후 생활을 영위할 수 있으니 노후자금 투자용으로 가입하라고 광고한다. 하지만 이 사람은 매달 7달러(약 1만 원)를 납입하는 정기보험Term Insurance(보험 기간이 한정되어 있는 생명보험-옮긴이 주)에 가입해도 똑같이 12만 5000달러의 보험금을 지급받을 수 있다.

100달러짜리 환급형 종신보험에 가입하면 7달러를 제외한 나머지 93달러가 모두 고스란히 저축되는 걸까? 그렇지 않다. 처음 3년간 93달러는 모두 수수료와 비용 명목으로 사라진다. 즉, 저축되지 않는다는 것이다. 그렇기 때문에 결국 수익률을 계산해보면 환급형 종신보험은 2.6%, 유니버셜 종신보험은 4.2%, 새 상품인 변액 종신보험은 7.4%가 된다. 이 통계 자료는《컨슈머리포트》와 재테크 전문 월간지《키플링어스퍼스널파이낸스》,《포천》에서 가져왔다. 또 다른 매체《내셔널언더라이터》는 미국 14개 회사의 종신보험 상품 수익률이 지난 20년간 6.29%에 지나지 않았다고 보도했다. 결국 환급형 종신보험은 투자 용도로는 현명한 선택이 아니라는 것이다.

게다가 종신보험과 변액 종신보험을 통해 그동안 납입한 돈은 수년간의 수수료와 비용을 제하고 나면 사망 후에도 전액 그대로 가족에게 전달되지 않는다. 앞서 예를 들었던 것처럼 계약 시 보장되었던 금액인 12만 5000달러만이 보험금으로 지급

된다. 그러니 매달 7달러를 납입하는 보험 상품에 가입하고, 나머지 93달러는 차라리 저금통에 모으는 게 낫다. 적어도 3년간 3000달러(약 300만 원)가 모일 것이고, 당신이 사망하면 가족이 이 돈을 쓸 수 있을 것이다. 쉽게 말해 종신보험은 '끔찍한 상품'이다. 저축은 당신이 하는데 왜 이자에 수수료까지 내줘야 하는가? 어딘가 잘못되어도 한참 잘못된 상품이다. 따라서 종신보험은 절대 현명한 선택이 아니다.

이 책에서 알려주는 7가지 돈의 연금술을 깨닫고 실천하다 보면 올바른 투자 방법도 배우게 된다. 7가지 돈의 연금술을 굳게 지키다 어느덧 57세가 되었을 무렵 자식까지 출가시키고 나면, 당신에게는 대출금을 완전히 갚아 온전히 자기 몫이 된 집과 70만 달러(약 7억 원) 가치의 뮤추얼펀드가 있을 것이다. 즉, 20년의 보험금 납입 기간이 끝날 때쯤이면 부양해야 할 자식도 없고 상환해야 할 주택담보대출도 없는 데다가 오히려 당신의 손에는 70만 달러의 뮤추얼펀드와 집이 있다. 그러니 보험이 더 이상 필요 없지 않겠는가? 스스로 충분히 가족에 대한 '보험 장치'를 만들어놓았을 터이니 말이다.

잘못된 상식 : 지금 당장은 돈을 벌기에도 시간이 턱없이 부족하기 때

문에 예산을 세우고, 은퇴 계획을 짜고, 유산 상속 계획을 짜는 일은 미뤄두는 게 좋다.

부의 진실 : 그럴 시간은 충분하다.

하루하루가 바쁜 우리들은 눈앞에 닥친 일을 해결하느라 정신이 없다. 그러다 보니 돈과 건강을 잃고 나서야 비로소 돈과 건강을 살피곤 한다. 스티븐 코비Stephen Covey는 자신의 책 『성공하는 사람들의 7가지 습관』에서 바로 이런 문제점을 자세히 지적한다. 그는 이 책을 통해 성공하는 사람들은 항상 목표와 결과를 머릿속에 염두에 두고 일을 시작한다고 강조한다. 반면 뚜렷한 목적 없이 방황하는 사람들은 좌절과 불안을 맛보게 될 것이라고 말한다.

그는 일을 '중요하면서도 급한 일', '중요하지만 급하지 않은 일', '중요하지 않은데 급한 일', '중요하지도 않고 급하지도 않은 일' 등 총 4가지로 나누어 제시한다. 통상적으로 사람들은 중요하면서도 급한 일에 우선순위를 두기 때문에 이 부분은 걱정할 필요가 없다. 그렇다면 '중요하지만 급하지 않은 일'은 어떻게 다루고 있을까? 진정한 부자가 되기 위한 노력에 '중요하지만 급하지 않은 일'은 바로 '예산 세우기'다. 전기요금을 내지 않으면 당장 전기가 끊기기 때문에 우리는 매달 전기세를 낸다. 그러나 매달 예산 계획을 세우지 않아도 당장은 문제가 없는 것처럼 보이기 때문에 이를 급하지 않다고 간주하게 된다.

존 맥스웰은 다음과 같은 비유로 '예산 세우기'를 정의했다.

"예산을 세우는 것은 자기 돈이 가야 할 방향을 미리 정확하게 지시하는 일이다. 예산을 세우면 이미 없어져버린 돈이 어디로 가버렸는지 뒤늦게 후회할 필요가 없다."

진정한 부자가 되기 위해서는 돈을 잘 길들여서 내게 충성하게 만들어야 하는데, 이때 예산이야말로 돈을 원하는 대로 조련할 수 있는 가장 훌륭한 채찍과 같다.

동기 부여의 전설적 대가 얼 나이팅게일Earl Nightingale은 수많은 사람이 실직이나 은퇴 후 대책을 세우는 것보다 옷 한 벌 고르는 데 더 많은 시간을 투자하고 있다고 지적했다. 만약 당신의 인생이 퇴직연금을 관리하는 방식이나 비과세 개인연금을 운용하는 방식에 따라 크게 달라진다면 어떻게 하겠는가?

오늘이 아닌 먼 내일을 생각한다면, 실제로 당신의 인생은 이런 것들에 의해 좌우될 것이다.

지금 당신이 어떻게 돈을 관리하느냐에 따라 은퇴 후 삶의 질

이 달라지기 때문이다.

다행히 유산 상속 계획은 사망하기 전까지 시급한 일이 아니다. 하지만 돈의 주인이 되기 위해서는 장기적인 사고가 필요하며, 따라서 죽는 시점까지도 생각해두어야 한다. 유산 상속에 대해서는 뒤에서 더 자세히 다룰 것이다. 지금 명심해야 할 것은 돈의 주인이 되기 위해서는 반드시 예산을 짜야 하고, 은퇴 후의 계획을 세워야 하며 유산 상속 계획도 미리 세워야 한다는 것이다.

잘못된 상식 : 빚이 너무 많으면 파산을 신청하고 새롭게 다시 시작하면 된다.

부의 신실 : 파산은 흔히 생각하는 것보다 훨씬 고통스러우며, 평생 동안 지워지지 않을 상처를 남긴다.

개인 파산을 신청하기로 결심한 캐시라는 여성이 내 라디오 프로그램에 전화를 걸어왔다. 그녀의 남편은 상당한 규모의 대출을 받았는데, 심지어 바람이 나서 다른 여자와 살림까지 차린 상태였다. 하지만 자세히 들어보니 주택담보대출을 비롯한 각종 빚은 모두 남편 명의로 되어 있었고, 공동명의인 대출은 1만 1000달러(약 1100만 원)에 불과했다. 이제 겨우 20살이 된 캐시는 자신에게 상환 의무가 있는 대출금이 1만 1000달러에 불과하다는 사실을 모른 채 빚의 중압감에 시달리고 있었다. 결국 그녀는 변호사인 삼촌에게 이 문제를 상담했는데, 삼촌은 개인 파산을 권했다. 물론 캐시는 매달 빚을 갚는 생활에 충분히 지쳐 있었고, 남편에게 버림까지 받아 몸과 마음이 너덜너덜해져 있었다. 하지만 그렇다고 해서 파산을 신청할 일은 아니었다. 대출 신청을 한 남편이 파산 신청을 했으면 했지, 그녀가 파산 신청을 할 이유는 전혀 없었다.

내가 이혼만큼이나 뜯어말리고 싶은 것이 바로 파산이다. 물론 다른 대안이 없어서 어쩔 수 없이 파산을 신청해야 할 수도 있다. 하지만 그 상황에 닥치더라도 다른 방법은 없는지 다시 한번 잘 생각해보길 바란다. 파산을 경험해본 사람이라면 개인 파산이 빚의 고통을 덜어주고 새 출발을 하도록 도와주는 좋은 수단이라고는 절대 말하지 않을 것이다. 이런 말로 파산을 권유하는 사람들에게 속지 마라. 실제로 파산을 겪었고, 수십 년 동안 파산에 대해 상담해온 사람으로서 정말 도시락 싸들고 다니며 말리고 싶은 것이 개인 파산이다.

파산은 이혼, 중병, 장애, 사랑하는 이를 잃은 슬픔과 더불어 인생에 가장 큰 아픔을 주는 5대 사건 중 하나로 꼽힌다. 파산이 사랑하는 이를 잃은 슬픔보다는 못 할지 몰라도, 마음과 신용등급에 깊은 상처를 남김은 물론 삶을 송두리째 변화시키는 사건임에는 분명하다.

건강한 돈 관리를 하면 대부분이 파산을 피할 수 있다. 돈 관리에는 많은 불편과 고통이 따르지만, 파산은 그보다 훨씬 더 고통스럽다. 노력 없이도 문제를 해결할 수 있다는 유혹에 넘어가는 대신, 견고한 디딤돌을 밟는 길을 택하면 더 빠르게, 그리고 더 쉽게 이겨낼 수 있다. 나는 파산과 압류와 소송이 주는 고통을 직접 경험해봤다. 경험자로서 확신하건대 파산은 "할 짓이 못 된다."

잘못된 상식 : 현금은 소매치기를 당할 수도 있으니 위험하다.

부의 진실 : 신용카드는 매일 당신의 돈을 털어간다.

나는 사람들에게 항상 현금 사용을 권한다. 카드 사용과 모바일 결제가 보편화되어 현금을 두둑하게 들고 다니는 일이 오히려 이상하게 여겨지는 요즘 시대에, 이런 권유는 좀 엉뚱하고 시대착오적으로 들릴 수도 있다. 하지만 현금의 힘은 강력하다. '현금을 사용하면 돈을 덜 쓰게 된다'는 명제는 수많은 조사로도 입증된 사실이다.

어떤 독자는 현금을 가지고 다니면 소매치기를 당할까 봐 걱정이 된다는 메일을 보내오기도 했다. 나는 그에게 소매치기들이 호주머니나 지갑 속을 엑스레이처럼 꿰뚫어보는 초인적 능력을 갖고 있는 게 아니니 걱정하지 말라고 했다. 그들은 그저 당신의 지갑이 신용카드로 가득 차 있을 거라고 생각할 것이다. 물론 내가 범죄의 위험성을 가벼이 여기는 것은 아니다. 현금은 잃어버릴 가능성이 있다는 점도 인정한다. 하지만 그걸 염려하기에 앞서 신용카드를 사용하는 것이 얼마나 위험한지부터 염려해야 한다. 현금을 갖고 다니며 소매치기를 당할 확률보다 무절제한 지출과 신용카드 대금이 당신의 지갑을 털어갈 확률이 훨씬 높다는 것부터 인식해야 한다.

현금을 사용하면 지출이 통제된다. 예컨대 식료품비로 할당해둔 현금이 줄어드는 것을 보면, 배달 음식을 주문하는 대신 냉장고에 오랫동안 쌓여 있는 재료들로 요리하는 편을 선택할 것이다.

돈 관리를 도와줄 봉투 시스템

명확한 경계선이 없으면 초과 지출을 하기 십상이다. 예산을 세우면 각 지출 항목의 한도를 정하게 된다. 그러나 한 계좌에서 자동차 주유비, 식료품비, 문화비 등을 구분 없이 지출하다 보면 모르는 새에 항목별 예산을 초과해버리기 때문에 예산 자체가 무의미해질 수 있다. 그래서 나는 몇 가지 항목들에 대해서는 '봉투 시스템'을 사용하길 권한다.

봉투 시스템은 이렇다. 이 달의 식료품비가 600달러(약 60만 원)라고 하자. 월급을 받으면 은행에서 현금 600달러를 찾아서 봉투에 넣고 봉투 겉면에 '식료품비'라고 적는다. 그리고 마트에서 식료품을 살 때는 이 봉투를 들고 가 현금으로 지불하는 것이다. 봉투 안의 돈은 식료품 외의 용도로는 사용하지 않는다. 봉투 안의 돈을 다 쓰면 그 달의 식비는 그걸로 끝이다. 명확하지 않은가! 식료품비, 문화비, 의류 구입비, 주유비 등과 같은 항목에서 봉투 시스템의 효과가 가장 좋다. 다만 매달 계좌에서 자동이체되는 지출에 대해서는 봉투 시스템을 사용할 필요가 없다.

신용카드를 긁는 것과 현금을 주고 지불하는 것은 우리 뇌에서 다른 시스템으로 작동한다. 계산대의 직원에게 직접 지폐를 건네주면

뇌는 당신이 돈을 쓰고 있다는 것을 더 확실하게 인식한다. 봉투 시스템이 소비 습관을 바꾸는 데 도움이 되는 이유다.

잘못된 상식 : 도저히 보험을 들 만한 여유가 되지 않으니, 보험 가입은 좀 더 여유가 생겼을 때 하는 것이 낫다.

부의 진실 : 여유가 없는 사람이야말로 보험을 들어야 한다.

어느 날 점심을 먹으려고 사무실에서 나가는 길에 스티브와 샌디라는 부부를 만났다. 부부는 감사한 마음을 전하기 위해 나를 찾아왔다고 말했다. '대체 무슨 일이 감사하다는 거지?' 궁금한 나는 20대 젊은 부부의 이야기를 듣기 시작했다. 자초지종을 들어보니 이들은 내 라디오 프로그램을 줄곧 청취해왔는데, 내 말을 듣고 자신들에게 적합해 보이는 정기생명보험과 의료비보험에 가입했다고 말했다.

"램지 씨께서 말씀해주신 대로 보험에 가입한 걸 너무 다행이라고 생각하고 있습니다."

이렇게 말하며 스티브가 모자를 벗었는데, 머리카락을 모두 밀어버린 머리 윗부분에는 큰 상처가 나 있었다. 스티브는 자신이 뇌종양 진단을 받았고 머리에 큰 흉터는 생체 조직검사를 받느라 생긴 것이라고 했다. 그의 아내인 샌디는 웃으며 이렇게 말했다.

"의료비 보험에서 10만 달러(약 1억 원)의 의료비가 나왔어요. 보험에 들라는 램지 씨의 조언을 듣지 않았다면 치료비를 마련할 방법이 전혀 없을 뻔했지요."

그들은 뇌종양 판정을 받아서 생명보험을 들 수 없게 되기 전에 미리 정기생명보험에 가입한 것에 대해서도 감사를 표했다. 부부는 스티브가 뇌종양과 싸운 그 후 몇 해 동안 나와 가깝게 교류하는 사이가 되었다. 그로부터 몇 년이 지난 후 스티브는 뇌종양과 싸우다 결국 세상을 떠났지만, 독자들이 각자에게 필요한 보험을 선택하는 데 자신의 이야기가 도움이 된다면 무척 기뻐할 것이다. 자신에게 적합한 보험을 선택함으로써 스티브는 필요한 치료도 받고, 남은 가족도 책임감 있게 잘 보살필 수 있었다. 우리도 이들처럼 남은 삶과 언젠가는 다가올 죽음에 책임감을 갖고 대비해야 한다.

물론 보험료 내는 것을 좋아하는 사람은 아무도 없다. 매달 끊임없이 나가는 적지 않은 보험료 때문에 지출과 저축에 부족

함을 느끼기도 한다. 분명 보험에는 비밀스러운 장치들이 많이 숨겨져 있고, 보험회사의 교묘한 수법을 피하기 위해서는 주의를 거듭해야 한다. 하지만 7가지 돈의 연금술의 한 부분으로 기본적인 보험은 들어놓아야 한다.

잘못된 상식 : 유언장을 작성하면 곧 죽기라도 할 것 같아 찝찝하다.
부의 진실 : 언젠가는 죽기 마련이니 죽기 전에 유언장을 준비해라.

상속 설계사들에 따르면 70%의 미국인이 유언장 없이 사망한다고 한다. 참으로 어리석은 일이다. 그러면 제 앞가림도 못하는 국가가 국민의 재산을 어떻게 할지 결정하는 일이 벌어지게 된다. 실용주의자인 나는 유언장 작성을 탐탁지 않게 생각하는 경향이 도통 이해가 되지 않는다. 유언장은 사랑하는 가족에게 남기는 마지막 선물이다. 재산을 어떻게 할지 분명하게 나타내줘 혼란이 생길 빌미를 없애기 때문이다. 사람은 누구나 죽는다. 그렇다면 유언장을 남기고 품위 있게 삶을 마무리하는 편이 낫지 않을까?

＊　＊　＊

지금까지 우리는 부채와 돈에 관한 잘못된 신화를 하나하나 파헤쳐보았다. 지금쯤이면 당신은 이런 속설이 진실과 거리가 멀다는 것을 깨닫게 되었을 것이다.

그렇다면 축하한다.
당신은 이미 부자가 되기 위한 첫걸음을 내디뎠다.

진정한 부자가 되려면 돈에 대한 관점을 완전히 바꿔야 한다.
당신이 돈을 섬기던 인생에서 '돈이 당신을 섬기는 인생'으로 탈바꿈하게 되는 일이다. 이제는 부자들이 생각하는 방식으로 돈을 관리하자. 당신은 옆집 이웃이나 회사 동료가 아닌 당신이 동경하는 '진짜 부자'를 기준으로 삼아야 한다. 만약 자신도 모르는 사이에 평범한 사람들의 말에 귀 기울이고 있다면, 즉시 그 공간을 떠나라.
당신의 목표는 평범해지는 것이 아니다.
내가 늘 라디오 프로그램에서 강조하듯이 '평범한 사람들'은 대부분 빈털터리이기 때문이다.

5장

당신을 가로막는
장애물부터 파악하라

지금까지 '나는 문제가 없어'라는 현실 부정, '빚은 부를 이루기 위한 수단'이라는 거짓된 상식, 그리고 우리 문화가 주입한 돈에 관한 잘못된 신화에 대해 살펴보았다. 우선 이 세 가지가 잘못되었다는 것을 알고 바로잡아야 돈의 노예로 사는 삶에서 벗어날 수 있다. 그러나 이게 다가 아니다. 7가지 돈의 연금술을 자세히 알아보기에 앞서, 건강한 돈 관리를 막는 두 가지 장애물을 먼저 뛰어넘어야 한다.

다시 한번 다이어트에 빗대어 설명해보겠다. 아이스크림을 지나치게 좋아하는 사람이라면 식단과 운동 프로그램을 짜기에 앞서 트레이너에게 이 사실을 미리 알려두는 것이 좋다. 그래야 트레이너도 그의 지나친 당 사랑에 대해 인지하고 충분히 경계하며 식단과 운동 계획을 짤 수 있다.

그런데 그러기 위해서는 먼저 스스로 아이스크림을 지나치게 좋아한다는 사실부터 인정해야 하고, 아이스크림을 많이 먹어도 다이어트에 문제가 없다는 정신 승리에서 벗어나야 한다. 다시 말해, 싸워서 이겨야 할 장애물이 무엇인지를 정확히 알고 그것을 넘을 방법을 강구해야 한다. 장애물이 무엇인지 알지 못하거나 알면서도 모른 척한다면 결코 장애물을 넘어갈 수 없다.

돈 관리도 그렇다. 당신의 돈 관리를 가로막는 장애물이 무엇인지 정확히 알고 그것을 없애야, 혹은 뛰어넘어야 건강한 돈 관리가 가능하다. 직을 알아야 적을 이길 수 있는 법이다.

배우려는 노력도 없이
부자를 꿈꾸는가?

'돈에 대한 무지'는 건강한 돈 관리를 막는 첫 번째 장애물이다. 지식에 대한 가치를 높게 평가하는 사회에서 '무지하다'는 이야기를 들으면 기분이 상할 수도 있다. 그러나 '돈에 대해 무지하다'는 말은 당신의 지능이나 교육 수준과는 하등 상관이 없으니 마음 상할 이유가 전혀 없다. 태어날 때부터 운전하는 법을 아는 사람은 없지 않은가? 마찬가지로 처음부터 돈에 대한 지식과 경험을 갖고 태어난 사람은 아무도 없다. 다른 것과 마찬가지로 경험을 통해 지식을 배워야 하고, 적절한 돈 관리 방법을 습득해야 하며 교육도 받아야 한다. 그러나 돈 관리 방법은 학교에서 가르쳐주지 않는다는 것이 문제다.

어느 늦은 밤, 식당에서 같이 식사를 하던 중 동료 한 명이 열변을 토한 적이 있다.

"우리가 교육하고 있는 7가지 돈의 연금술을 대학에서도 가르쳐야 해요!"

우리는 직업을 얻기 위해, 그리고 그 직업으로 돈을 벌기 위해 학교에서 여러 가지 지식을 배운다. 그러나 돈을 벌고 나서 그 돈을 어떻게 쓰고 관리해야 하는지에 대해서는 아무도 가르쳐주지 않는다. 인구 조사국에 따르면 미국 가정의 연평균 소득은 5만 달러(약 5000만 원)라고 한다. 임금 인상을 감안하지 않고 단순하게 평생 동안 매년 5만 달러의 소득을 번다고 계산해

봐도, 나이 들어 은퇴하기 전까지 일할 수 있는 기간 동안 한 가정이 버는 소득은 200만 달러(약 20억 원)에 달한다. 평생 이렇게 큰돈을 버는데도 학교에서는 돈을 관리하는 방법을 가르치지 않는다. 그러니 우리가 돈에 대해 무지한 채로 사회에 나오는 것은 당연한 일이다.

당신은 지능이 모자라기 때문에 돈 관리를 못하는 것이 아니다. 차를 몰아본 적 없는 사람을 운전석에 앉히면 아무리 똑똑한 사람일지라도 주차장을 채 빠져나가기도 전에 어딘가 들이박을 것이다. 운전에 완전히 문외한이라면 깜짝 놀라 액셀을 더 세게 밟는 바람에 사고가 꼬리를 물고 일어날 게 뻔하다. 아무것도 모른 채 '열심히'만 한다고 해서 운전을 잘할 수는 없다. 돈 관리도 그렇다.

은퇴하기 전까시 평생 200만 달러라는 큰돈을 벌지만, 고등학교, 대학교, 심지어 대학원을 졸업할 때까지도 많은 사람이 '재무'의 '재'자도 쓸 줄 모른다. 결국 제대로 배우지 못한 우리는 어마어마한 돈을 손에 쥐고 이리 쿵, 저리 쿵 부딪혀가며 시행착오를 겪는다. 이 얼마나 안타깝고 어리석은 현실인가! 무지는 배워야만 해결된다. 돈에 대한 무지를 극복하는 방법은 쉽다. 아래의 세 가지 사실만 유념하면 된다.

첫째, 창피해하지 말고 당신이 재무 전문가가 아님을 인정하라.

둘째, 이 책을 끝까지 다 정독하라.

셋째, 돈에 관해서 평생 동안 배우는 자세로 임하라.

하버드경영대학원에 입학해서 재무학을 전공하라는 것이 아니다. 무슨 말인지도 알아듣지 못할 금융 전문 방송을 억지로 보려고 할 필요도 없다. 적어도 1년에 한 번은 자신의 돈 관리 습관을 점검하면서 그에 관련된 책을 읽고, 때로는 돈에 대해 다루는 세미나에 참석하라. 꾸준한 공부를 통해 돈에 대해 신경 쓰는 것을 게을리하지 마라. 이 세 가지 사항만 지켜도 백발백중 훌륭한 돈 관리 노하우를 깨치고 무지에서 탈출할 수 있다.

아내와 나는 결혼한 지 수십 년이 지난 지금까지도 행복한 결혼 생활을 유지하고 있는데, 이를 위해 주말 여행을 다니고 서로에게 편지를 쓰기도 하며 종종 결혼 생활 카운슬러인 친구와 만나 상담도 받는다. 우리 부부의 결혼 생활이 만족스럽지 않아서가 아니라, 더 즐겁고 풍요롭게 만들기 위해서다. 이렇게 우리 부부는 부단한 노력을 통해 금실 좋은 관계를 꾸려가고 있다. 행복한 결혼 생활이 저절로 이루어지는 것이 아니듯이, 재산을 모으는 것도 마찬가지다. 돈에 관한 무지를 극복하기 위해서는 충분한 시간과 노력을 들여야 한다. 재무학 학위를 받을 정도로 공부하라는 것이 아니다. 단지 다음 여름 휴가 때 어디를 갈지 찾는 데 들이는 시간보다 퇴직연금과 예산을 어떻게 활용할지에 대해 조금 더 시간을 할애해주길 바란다.

무지한 상태에 머물러서는 안 된다.
'몰라도 괜찮아'는 헛소리나 다름없다.
모르면 고생이지, 어떻게 괜찮겠는가!
돈에 대해 모르면 영원히 빈털터리 신세로 살게 될 것이다.

체면을 위한 소비는
허상에 불과하다

두 번째 장애물은 남을 의식하는 체면치레용 소비다. 사람들은 절약을 하려다가도 '그래도 남의 눈이 있는데 이 정도는 하고 살아야지'라고 생각하며 좀 더 고급스러운 차, 비싼 옷, 넓은 집을 찾는다. 물론 우리 사회에 집, 차, 옷, 여가생활 등에 대해 어느 정도 정해진 기대와 기준이 있는 것은 사실이다. 사회와 가족의 시선으로부터 완전히 자유로울 수도 없다. 그러나 그렇다고 해서 체면치레용 소비에만 집착하다 보면 극단적인 상황으로 치닫게 된다. 형편이 좋지 않은데 분수에 넘치는 불필요한 지출을 하다가 가정 경제를 망치는 일은 생각보다 빈번하다. 토머스 스탠리Thomas J. Stanley 교수는 1990년대에 『백만장자 불변의 법칙』이라는 책을 펴냈다. 누구에게나 읽어보길 권하는 이 훌륭한 책은 미국 백만장자들의 공통점을 조사해 그들의 돈 관리 비결을 담았다. 탄탄한 근육을 원한다면 그런 몸매를 가진 사람들의 습관을 따라 해야 하듯이, 부자가 되고 싶으면 부자들의 습관과 가치관을 알아야 하는 법이다. 스탠리는 백만장자들에 대해 조사한 결과, 그들은 평범한 사람들과는 사뭇 다른 인생 철학과 돈 관리 노하우를 가지고 있다는 사실을 발견했다. 흔히 사람들은 부자들이 대궐 같은 집에서 살고, 신형 외제차를 몰며, 근사한 명품을 걸칠 것이라고 생각한다. 스탠리는 부자들 대부분이 그렇지 않음을 발견했다. 부자들은 중산층이 사는 곳과 별반 다르지 않은 집에서 살았고, 2년 이상 된 자동차를 몰았으며, 값싼 청바지를 사 입었다. 요컨대 부자들은 친구나 가족의 시선을 의식하지 않고, 인정과 존중의 욕구를 채우기 위한 체면치레용 소비는 하지 않는다. 대신에 그들은 안정적인 부를 쌓는 데에만 온 신경을 집중한다.

그러나 안타깝게도 남들의 시선을 너무 의식한 나머지 불필요한 소비로 수렁에 빠져 사는 사람들이 수두룩하다. 작년에 상담을 요청해온 밥과 사라 부부가 그런 경우였다. 부부의 지난 7년간 평균 연 소득은 9만 3000달러(약 9300만 원)였다. 이렇게 많은 소득을 버는 만큼 이 부부는 여유롭게 살고 있었을까?

그들에게는 40만 달러(약 4억 원)짜리 집에 대한 후순위담보대출을 포함해 총 39만 달러(약 3억 9000만 원)의 대출이 있었다. 그리고 두 대의 차량에 3만 달러(약 3000만 원)의 리스비를 계속 내고 있었고, 5만 2000달러(약 5200만 원)의 신용카드 대출이 있었다. 심지어 10년 전 대학생 시절에 받은 학자금 대출도 돈이 없다는 이유로 아직까지 상환을 미루고 있었다. 그런데도 그들은 호화롭게 철마다 해외 여행을 다니고 명품을 사 입었다. 그나마 다행인 것은 저축해놓은 비상자금 2000달러(약 200만 원)가 있다는 것, 그리고 퇴직연금으로 1만 8000달러(약 1800만 원)를 모아놨다는 것이었다.

이처럼 사라 부부는 부채가 순자산을 훌쩍 뛰어넘는 '마이너스 인생'을 살고 있었지만 겉으로는 아무런 문제가 없어 보였다. 그들의 부모는 밥과 사라 부부를 자랑스러워했고, 형제들은 돈 문제에 대해 자주 고민을 털어놓곤 했다. 부부가 의심할 여지없이 '잘사는' 것처럼 보였기 때문이었다. 하지만 '아메리칸 드림'의 완벽한 모델과 같았던 부부의 실제 현실은 끔찍했다. 빚 독촉에 시달리기 시작하자 뒤늦게 집 안에 쌓인 명품을 보며 후회했고, 심지어 서로에게 잘못을 미루기 시작하며 부부 관계도 삐걱거렸다. 완벽해 보이는 겉모습과 달리 이면에는 깊은 절망감과 허무함, 엉켜버린 결혼 생활과 스스로에 대한 분노가 자라나고 있었다.

살이 찌는 것은 눈으로 확인이 가능하다. 주변의 가족과 친구들, 초면인 사람, 그리고 거울을 보는 장본인도 자신이 비만이 되어가고 있음을 쉽게 눈치챈다. 그러나 문제가 '돈'이라면 이야기가 달라진다. 밥과 사라 부부의 '감추고 싶은 비밀'은 당사자인 부부를 제외하고는 누구도 알 수 없다. 부부의 실상은 겉으로 드러난 멋진 모습과는 전혀 다른데도 쉽게 감출 수 있으며, 이들이 아무리 돈이 없고 절망에 빠져 있어도 사람들은 알아채지 못한다. 오히려 겉으로 보이는 부부의 화려한 모습을 부러워하며 부부의 과시 소비를 부추길 뿐이다. 게다가 남들에게는 이미 선망의 대상이 되었는데 사실 그렇지 않다고 진실을 밝히는 것에는 대단한 심리적 저항감이 따른다. 실제로 우리 회사의 재무상담사가 사라 부부에게 이대로 가다가는 파산을 면치 못하니 집과 차를 당장 처분하라고 권했을 때 이들의 저항감은 엄청났다.

물론 그 심정은 백번 이해한다. 누구나 멋진 집과 차를 좋아한다. 고통스러울 수밖에 없다. 게다가 사람들에게 "우리는 사실 돈이 한 푼도 없지만 허영심과 과시 때문에 부자인 척하며 살았어요"라고 고백하는 것 또한 괴로운 일이다. 자신을 부자라고 생각하는 사람들에게 "돈이 부족하니 살림을 줄여야 해", "이번 달 예산을 초과해서 여행은 못 가겠어"라고 말하는 일은 자존심에 큰 상처를 낼 것이다. 나 역시 그 마음을 이해한다. 진실을 밝히고 진짜 삶을 사는 데는 엄청난 용기가 필요하다.

사실 자기 돈이 아니라 남의 돈으로 모든 것을 사놓고 겉으로만 여유로워 보이는 것은 가짜 삶이나 다름없다. 그러나 가짜 삶을 기꺼이 감수힐 만큼 주변 사람늘의 시선은 너무나 강력하다. 누구나 인정받고 싶고 존중받고 싶은 욕구가 있기에 진실을 감추려 하지만, 진실을 감추는 것은 명백한 현실 부정이다. 게다가 더 큰 문제는 이 욕구가 중독성이 매우 강하다는 것이다. 실제로 이 욕구에 중독된 채 돈을 모으지 못하고 위태로운 삶을 유지하는 사람들이 허다하다.

어떤 일이든 삶에서 방향을 크게 틀려면 극단적인 조치가 필요하기 마련이다. 은행에서 빌린 돈으로 과시하던 삶을 탈출하기 위해 밥과 사라 부부도 당연히 커다란 장애물을 넘어야 했다. 사라에게는 그 장애물이 가족이었다. 중산층인 그녀의 가족은 크리스마스 때면 가족 모두에게 선물을 주는 전통이 있었는데, 스무 명의 아이들과 여섯 쌍의 부부에게 선물을 주려면 엄청난 돈이 들어갔다. 우리에게 상담을 요청한 그해 추수감사절, 사라가 이번 크리스마스에는 선물값이 부담스러우니 제비뽑기에 당첨된 식구에게만 선물을 주겠다고 공언하자 온 가족이 깜짝 놀랐다. 크리스마스 때마다 값비싼 선물을 턱턱 사주며 부러움을 한 몸에 받았던 사라 부부에게는 엄청난 사건이었다. 사라의 엄마와 두 시누이는 가족에게까지 인색하게 굴지 말라며 몹시 화를 내기도 했다. 집안 분위기는 매우 냉랭해졌지만, 사라는 의견을 굽히지 않았다.

그녀는 가족들이 화를 내는 이유도, 앞으로 가족들에게 인정과 존중을 받지 못할 것이란 사실도 잘 알고 있었다. 가족들의 시선이 어떻게 변할지 이미 예상하고 있었지만, 힘들어도 그렇게 말하는 것이 옳았다고 말했다. 그녀는 전날 밤 내내 잠을 이루지 못했다며, "어두운 방에 누워 아빠가 데이트를 허락해주기를 바라는 12살 소녀처럼 가슴이 두근거렸어요"라고 말했다.

그러나 시간이 지난 후 사라는 이때 용기를 내서 다행이었다고 회상했다.

"정말 견디기 힘들었지만 더 늦기 전에 깨달아서 천만다행이었어요. 경제적으로나 심리적으로 한층 더 여유로워졌거든요."

추수감사절 사건을 통해 그녀는 건강한 돈 관리를 위한 장애물을 없앨 수 있었고, 그 이후로 겉은 화려하지만 실은 가진 것이 아무것도 없는 가짜 삶으로부터 벗어날 수 있었다.

누구에게나 사라처럼 저마다의 약점이 있다. 값비싼 옷이나 차에 대한 욕망일 수도 있고, 사장이라는 체면 때문에 유지하고는 있지만 실은 적자가 나고 있는 사업체일 수도 있다. 소비에 있어 자신의 이런 약점을 극복하고 욕심에 초연해지지 않는 한, 결국 자신이 약한 부분에 있어서는 다른 사람의 시선을 의식한 소비를 계속하게 되기 마련이다. 그러니 돈 관리를 시작하기에 앞서 체면치레를 위한 소비 습관부터 버려야 한다. 건강하게 돈을 관리하고 있는 사람들도 계속해서 자신의 약점을 의식하고 경계한다. 욕구는 언제고 다시 고개를 들 수 있기 때문이다.

다른 사람들이 당신을 부러워하는 걸 보면서 속으로는 쓴웃음을 지어본 적이 있는가? 그렇다면 당신이 버려야 할 약점은 무엇인가? 이 약점을 파악하고 해결해야만 비로소 잘못된 돈 관리에서 탈출할 수 있다.

나의 약점은 자동차였다. 무일푼으로 시작해 26세에 백만장자가 된 나는 제일 먼저 재규어의 최고급 럭셔리 세단을 샀다. 사람들이 '젊은 나이에 저렇게 성공하다니!'라며 나를 우러러보게 만들려면 재규어가 '필요'했다. 재규어는 내가 성공했다는 것을 입증해주는 상징이자 가족들의 입꼬리를 올라가게 만들기 위한 필수적인 조건이었다. 남들의 인정과 존중만을 갈구한 것이다. 얄팍하게도 나는 재규어를 몰면 그런 욕구를 채울 수 있을 것이라 착각했다. 그러나 신께서는 재규어를 통해 내가 인정과 존중의 욕구에 눈이 멀었고, 건강한 돈 관리를 위해서는 반드시 그것을 버려야 함을 깨우치게 하셨다.

신용불량자의
빛나는 재규어

이처럼 과시를 위해 돈을 흥청망청 쓰던 나는 결국 파산했고 빈털터리 신세가 되었다. 하지만 파산해서 수중에 돈이 하나도 없을 때조차 대출이 가능한 은행을 애타게 찾아다니며 계속 재규어를 몰고 다녔다. 심지어 친구에게 대출 보증을 서달라고 부탁하는 지경에 이르러서도 재규어를 포기하지 않았다. 차에는 하나둘 손볼 곳이 생겼지만 수리비는커녕 할부금을 낼 돈조차 없었고, 차는 점점 엉망이 되어갔다. 나는 그 차를 너무 좋아한 나머지 여기저기 고장 난 상태로도 계속 몰고 다녔다. 파산한 지 1년이 지나지 않았을 무렵, 전기세를 제때 내지 못해서 이틀간 집에 전기가 끊긴 적이 있었다. 그때 집을 방문했던 전기회사 직원은 차고에 떡하니 세워져 있는 재규어를 보고 대체 무슨 생각을 했을까?

차는 급기야 오일 팬에 금이 갔고, 그로 인해 엔진 뒷부분에서 기름이 흘러 머플러에 연기가 났다. 차를 몰고 가면 차 뒤로 심한 연막이 생길 정도였다. 수리비 견적은 1700달러(약 170만 원)였지만 도서히 그 돈을 마련할 여유가 없었다. 나는 007 영화에 나오는 제임스 본드나 끌고 다닐 법한 연기 나는 재규어를 계속 몰고 다녔다. 그러던 중 나를 대신해 할부금을 갚아주던 친구가 더 이상 대신 돈을 내줄 수 없다며 차를 팔라고 했다.

감히 소중한 내 차를 팔라고 하다니! '나를 무시하는 건가'라는 생각에 펄쩍 뛰며 화를 내기까지 했다. 친구는 대출금 상환을 멈췄고, 은행은 차를 팔지 않으면 당장 압류하겠다고 으름장을 놓았다. 그때까지도 제정신을 차리지 못했지만, 여기저기서 압류가 들어와 길거리에 나앉을 위기에 처하고 나서야 비로소 나는 재규어를 포기할 수 있었다. 그 후 재기에 성공해 이 복잡한 과정들을 겨우 헤치고 돈을 갚을 수 있었지만, 그 과정은 생각하기도 싫을 만큼 수치스러웠다. 이 차가 나를 인정받게 해준다는 믿음에 집착한 나머지 충분히 피할 수 있는 문제와 수없이 직면해야 했다.

나는 이런 내 모습이 추하다는 것을 자각하고 나서야 차에 대한 집착을 끊어낼 수 있었다. 건강한 돈 관리를 위해서는 어떤 차를 모는지가 아니라 돈과 싸워 이기는 것이 중요하다는 것을 몇 번씩 되새겼다. 그리고 무엇이 더 중요한지 진정으로 깨달은 후에 놀라운 축복을 받았다.

15년 전, 다시 백만장자가 된 나는 새 차를 사기로 했다. 이번에는 이전과 완전히 다른 기준으로 차를 골랐다. 신차 대신 1년에서 2년 정도 된 중고차를 찾았고, 현금으로 구매해 할인 혜택까지 꼼꼼히 챙겼다. 어떤 브랜드인지는 그리 중요하지 않았다. 막연히 벤츠나 렉서스 중 하나였으면 좋겠다고 생각하며 적당한 매물을 찾던 중, 중고 자동차 딜러인 친구에게서 아주 괜찮은 매물이 있다는 전화가 왔다.

이럴 수가! 그 차는 바로 재규어였다. 어려운 시기를 모두 이겨낸 후, 더 이상 재규어를 숭배하지 않게 되어서야 신께서는 내게 재규어를 허락해주셨다.

언젠가 사라 부부는 크리스마스에 온 가족의 크루즈 여행 비용을 현금으로 지불할 만큼 경제적인 여유를 갖게 될 것이다. 그때는 부를 과시하거나 거들먹거리기 위해서가 아니라 진심으로 가족을 위해 크리스마스 선물을 고를 것이다. 그리고 그날이 되면 사라 부부는 뼈저리게 실감할 것이 분명하다.

'남들이 돈을 쓸 때 모아야 나중에 남들과 다르게 살게 된다'는 사실을.

배낭이 가벼워야
정상에 오를 수 있다

다이어트를 하고 근육을 키우면서 깨달은 것이 있다. 등산이나 장애물 넘기처럼 체력적으로 힘에 부치던 일들이 이제는 한결 더 쉬워졌다는 것이다. 군살이 붙고 근육이 줄어들었을 때는 동네 뒷산을 오르는 일조차 쉽지 않았다. 7가지 돈의 연금술을 실천하고 '부의 근육'을 키우는 일 또한 마찬가지다. 처음에는 힘도 들고 내 앞에 놓인 모든 일이 장애물처럼 느껴지지만 점점 더 가뿐해질 것이다.

일단 당신은 현실 부정이라는 장애물을 뚫고 여기까지 왔다. 부채와 돈에 대한 잘못된 신화를 바로잡았고, 돈에 대한 무지를 배움으로 극복해야 한다는 점도 깨달았으며, 건강한 돈 관리를 위해서는 남의 시선을 의식하지 말아야 한다는 점도 배웠다. 이제 본격적으로 부의 근육을 키우기 위한 '7가지 실전 운동'을 시작할 차례다.

당신은 정상이 훤히 보이는 등산로 입구에 서 있다. 산을 오를 수 있는 체력이 준비되어 있고, 약 134페이지에 걸쳐 나약한 의지와 잘못된 상식도 바로잡았으며, 부의 길목으로 들어서는 나침반도 손에 쥐었다. 비록 아직은 까마득하지만 다행히 지금 서 있는 곳에선 목표가 또렷이 보인다. 좁고 험준한 길이어서 대부분의 사람이 겁을 먹지만, 당신은 그럴 필요가 전혀 없다. 검증된 부자들이 디딘 곳을 잘 보고 따라가다 보면 분명 정상에 도달할 수 있을 것이다.

본격적으로 산을 오르기에 앞서 자신의 상태를 점검해보자. 여전히 현실 부정과 잘못된 신화를 비롯해 다양한 장애물을 해결하지 못했다면 등산은 불가능하다. 벽돌로 가득 찬 배낭을 메고 걷는 것처럼 한 발 한 발 내딛기가 힘겨울 것이다. 현실 부정이라는 벽돌 몇 개는 그리 치명적이지 않을지 몰라도, '그래도 신용카드 한 장은 있어야 살지'라며 지갑 속에 카드를 집어넣거나 '남들 보는 눈이 있는데…'라며 여전히 남을 의식하는 소비를 지속한다면 당신은 필시 중도에 포기하게 될 것이다.

대부분의 사람들이 '무지'라는 모자를 쓴 채 첫 산행에 나선다. 그 모자가 자꾸만 눈앞을 가리는 바람에 정상까지 가는 데 시간이 더 오래 걸리지만, 겸손한 마음으로 공부한다면 언젠가는 반드시 도달할 수 있을 것이다.

정상으로 향하는 길목 중간중간에는 우리를 강하게 유혹하는 매끈한 샛길들이 있다. 하지만 정상으로 가는 길 외에 나머지 다른 길들은 파산으로 향하는 '빈털터리들의 길'이란 점을 명심해야 한다. 겉으로 보기에 이 길은 정상으로 오르는 길보다 훨씬 편한 아스팔트 고속도로처럼 보인다. 너무 많은 사람이 이 길을 닳고 닳도록 지나갔기 때문에 포장도 잘 되어 있고 길도 더 시원하게 뚫려 있다. 간혹 이 고속도로를 달리다가 정상으로 향하는 등산로를 올려다보는 사람도 있지만, 넘어야 할 장애물이 많다는 말에 곧바로 자신의 반짝반짝한 새 차로 돌아가 파산으로 향하는 고속도로를 달리곤 한다.

"같은 일을 반복하면서 다른 결과를 바라는 건 미친 짓이다"
라는 말이 있다.

지금껏 당신이 돈에 관해 내린 결정과 행동이 현재 당신의 통
장 잔고와 대출금 목록을 만들었다.

그러니 다른 결과를 얻고 싶다면 다른 것을 믿고 다르게 행동
해야 한다.

변화의 과정은 고통스럽겠지만 결과는 그 고통을 감수할 만
한 가치가 있을 것이다.

나는 직접 산의 정상까지 올라 진정한 돈의 주인이 되는 기쁨
도 맛보았고, 수많은 사람이 그 기쁨을 느낄 수 있도록 도와주
었다. 숙련된 가이드로서 당신이 부상 없이 정상에 오를 수 있
도록 내가 앞에서 이끌어주겠다. 그러니 결심이라는 신발 끈을
단단히 묶고, 당신의 '평범한' 친구들에게 작별 인사를 고하라!

페이지를 넘기는 순간 당신의 등산은 시작될 것이다.

금융회사는 대가도 없이
돈을 빌려줄 만큼 너그럽지도, 멍청하지도 않다.
그들은 영리하고 교묘하게 당신의 돈을 갉아먹는다.
그리고 부자들에게 공통점이 있다면,
그것은 바로 금융회사의 교활한 유혹을
이겨내는 힘이 있다는 것이다.

빚에는 필히 리스크가 따른다.
그 리스크는 어느새 눈덩이처럼 커져서
레버리지로 얻은 수익을 갉아먹을 것이다.

이제 당신 눈앞에는 험난하고 고된 언덕길과
매끈한 아스팔트길이 펼쳐져 있다.
노력 없는 성취란 없다.
부자가 될 수 있는 손쉬운 지름길 같은 것도 당연히 없다.

자, 당신은 두 길 중 어느 길을 선택할 것인가?
부의 진실을 깨달았다면,
답은 정해져 있을 것이다.

2부

부로 나아가는
7가지 돈의 연금술

6장

비상시에는
액자 유리를 깨라

연금술 1 | 최소한의 무기, 비상자금 모으기

내가 처음으로 쓴 책『파이낸셜피스』에는 '한 번에 한 걸음씩 걷는 걸음마'라는 파트가 있다. 어린아이가 걸음마를 배우듯 한 번에 한 걸음씩 걸으면 어떠한 돈 문제도 해결하고 대비할 수 있다는 내용이다. 나는 일대일 상담, 소그룹 상담, 파이낸셜피스대학교의 재무 회복 프로그램, 그리고 라디오 프로그램에서의 상담 경험을 통해 오랜 시간 '경제적 자유를 되찾기 위한 걸음마'인 7가지 돈의 연금술을 발전시켜왔다. 그리고 실제로 수백만 명의 사람이 검증된 이 과정을 통해 경제적 자유를 이루어냈다.

'걸음마'라는 이름은 미국의 영화배우 빌 머리Bill Murray가 주연한 코미디 영화 「밥에게 무슨 일이 생겼나」(1991)에서 착안했다. 여기서 머리는 정신과 의사를 미치게 하는 환자로 나오는데, 그의 치료를 맡은 의사는 극 중에서 『한 번에 한 걸음씩 걷는 걸음마』라는 책을 낸다. '한 번에 한 걸음씩 걸으면 어디든 갈 수 있다'는 이 책의 내용은 영화의 주제이기도 한데, 7가지 돈의 연금술도 이와 맥을 같이한다. 앞으로 알려줄 돈의 연금술을 하나씩 차근차근 발휘해나가면 결국 '경제적 자유'라는 결승점까지 도달할 수 있다는 뜻이다.

코끼리도 한 입씩 먹으면
다 먹을 수 있다

무언가를 해내려면 그 일을 완수할 때까지 힘껏 노력해야 한다. 그런 다음에야 다음 단계로 넘어갈 수 있다. 우리 몸집보다 큰 코끼리 먹기에 도전한다고 생각해보자. 어떻게 해야 완수할 수 있을까?

방법은 간단하다.

그냥 한 번에 한 입씩 계속 먹으면 된다. 큰 코끼리를 한 번에 꿀꺽 삼키려고 하면 실패할 수밖에 없다.

한 걸음씩 걷기 위해서는 집중력이 필요하다. 모든 것을 한 번에 하려고 하면 오히려 진행이 더뎌지고, 결국 지쳐서 나가 떨어지기 마련이다. 갑자기 퇴직연금에 월급의 3%를 넣고, 주택담보대출을 빨리 갚겠다고 500달러(약 50만 원)를 더 내며, 저축이라곤 거들떠도 안 보던 사람이 매달 1000달러(약 100만 원)씩 적금을 붓는다면 노력이 분산되어 아무런 성과도 얻을 수 없다. 오히려 '이런, 내 나름대로 노력했는데 아무런 변화가 없잖아'라는 생각에 성취감이 떨어져 더 위험한 결과를 맞이할 가능성이 크다. 아무것도 이뤄내지 못했다는 생각에 사로잡히면 돈 관리에 대한 힘과 의지가 약해진다. 이때 우리에게 필요한 것은 '집중력'이다. 집중하면 하나씩 차근차근 해낼 수 있다. 눈에 보이는 작은 진전은 마치 어릴 적 알림장에 받았던 '참 잘했어요' 스티커처럼 강력한 동력을 불러일으킨다.

그렇다면 한 걸음씩 내딛기 위해서는 무엇부터 해야 할까? 자신 있게 다음 걸음을 떼게 해줄 '우선순위' 설정이 필요하다. 나는 그 우선순위를 7가지 돈의 연금술에 모두 매겨놓았다. 이 연금술들은 계단을 오르듯 한 번에 하나씩만 배울 수 있으며 순서를 바꿔 배우려 하거나 생략하면 모든 노력이 수포로 돌아간다.

마라톤을 완주하기 위해서는 먼저 기초 체력부터 길러야 하듯이, 산 정상까지 오르려면 먼저 튼튼한 베이스캠프부터 만들어야 한다. 7가지 돈의 연금술을 수행하며 몇몇 과정은 건너뛰거나 순서를 바꾸고 싶다는 생각이 들겠지만 그래서는 안 된다. 예컨대 당신이 노후자금을 준비하지 못한 55세 직장인이라면, 여유 있는 노후를 보내지 못할 것이란 불안감에 곧장 노후자금을 마련하는 투자법부터 배우고 싶을 수 있다. 그러나 역설적이게도 과정을 단축시키려다가 오히려 더 힘든 노후를 맞이하게 될지도 모른다. 노후자금을 모아놓았다고 하더라도 그전에 비상자금을 준비해놓지 않았다면 급박한 상황이 벌어졌을 때 애써 모은 노후자금을 모두 탕진하는 일이 발생할 것이다. 이처럼 순서를 벗어나면 예기치 않은 문제에 대응할 수 없다. 그러니 개인적인 이유나 상황 때문에 뒤에 나온 과정을 먼저 배우고 싶더라도 현재의 단계에 오롯이 집중하길 바란다. 이만 걱정은 거둬라. 7가지 돈의 연금술은 남녀노소를 불문하고 모든 이에게 적합하도록 설계되어 있다.

철저한 계획 없이는
시작조차 할 수 없다

7가지 돈의 연금술 중 첫 번째 단계는 비상자금 1000달러(약 100만 원) 모으기다. 이를 다루기에 앞서 돈과 싸워 이기기 위해 반드시 필요한 몇 가지 도구와, 앞으로 계속 당신이 지켜야 할 사항에 대해 배워야 한다. 바로 '매달의 예산 세우기'다.

간혹 돈과 싸워 이기기 위해서는 예산을 세우는 일보다 당장 눈앞에 닥친 빚을 갚는 것이 더 중요하다고 주장하는 사람들이 있다. 또 귀찮고 번거로운 일을 싫어하는 사람들은 예산의 '예' 자만 들어도 몸서리를 친다. 그러나 당신보다 먼저 성공적으로 목표를 이룬 사람들은 예외 없이 7가지 돈의 연금술을 실천하기 전에 매달 예산 계획부터 수립했다.

만약 하나하나의 가정을 기업이라고 생각한다면 당신은 그 기업의 최고재무담당자다. 따라서 그 기업의 예산을 짜고 집행하는 일은 전적으로 당신 책임이다. 지금까지 살아온 것처럼 매달 제대로 된 예산도 세우지 않고 대충대충 돈을 쓴다면, 당신은 곧 해고당하거나 아니면 당신이 속한 회사가 망할 것이다. 그러니 예산을 세워 돈에게 할 일을 명확하게 지시해야 한다.

그러지 않으면 돈은 소리 소문도 없이 사라질 것이다.

어느 분야건 성공한 사람들은 일을 시작하기 전에 목표부터 확실히 세웠다. 목표란 당신이 나아가고자 하는 구체적인 방향이다. 세계적인 성공 철학자 지그 지글러는 "대충 흘러가는 곳으로 따라가는 게 목표인 사람은 항상 그 목표를 달성한다"라고 이야기했고, 성공학의 대가인 브라이언 트레이시Brian Tracy 역시 "어떻게 하면 크게 성공할 수 있을까? 천부적인 소질, 물려받은 재산, 아니면 화려한 학벌이나 인맥이 있어야 할까? 다행히도 필요한 것은 간단하다. 바로 분명한 목표를 적는 것이다"라고 말했다. 트레이시는 2년간 하버드대학교 졸업생들을 조사한 결과, 글로 정리된 뚜렷한 목표를 가진 3%의 졸업생이 나머지 97% 학생들의 재산을 모두 합친 것보다 더 많은 재산을 모았다고 발표했다.

보통 여행을 갈 때는 아주 적은 예산으로 숙박비, 항공료, 식비 등 항목을 철저히 나누어 돈을 관리한다. 성공적인 여행을 위해서다. 그런데 은퇴하기 전까지 최소 200만 달러라는 큰돈을 버는데, 이를 아무런 계획 없이 쓴다는 건 말이 되지 않는다. 게다가 매달의 수입과 돈 관리는 당신 인생 전체를 좌우한다.

돈이란 길들이지 않으면 도통 말을 듣지 않는 물건이다.

당연히 돈을 길들이는 법부터 알아야 하지 않겠는가?

예산은 지금 당장 짜지 않아도 큰 위험을 불러오진 않지만, 그러다 보면 결국 자신도 모르는 새 지갑이 텅 비는 사태가 벌어진다. 위대한 쇼맨이자 정치가였던 피니어스 테일러 바넘 Phineas Taylor Barnum은 "돈은 훌륭한 노예인 동시에 가장 악독한 주인이다"라고 했다.

구체적인 예산이 없으면 돈은 훌륭한 하인 노릇을 하기보다는 악독한 주인으로 변신한다.

이 점을 명심하길 바란다.

변화는
아주 작은 행동에서 시작된다

첫 번째 법칙을 배우기에 앞서 예산을 세우는 일과 꼭 병행되어야 하는 과제가 있다. 바로 매달 나가는 각종 비용과 공과금을 연체금 없이 정리하는 일이다. 만약 휴대폰 요금이 두세 달

밀린 상황이라면 우선 연체된 돈부터 납부해야 한다. 연체금이 이것저것 너무 많다면 기본적인 식비, 관리비, 공과금, 교통비, 월세 등 의식주 문제를 해결하는 데 우선순위를 두고 가장 시급한 것부터 해결하라. 그러고 난 후에 신용카드 빚과 학자금 대출을 해결해야 한다.

무엇이든 목표를 달성하기 위해서는 상당한 집중력이 필요하다. 7가지 돈의 연금술을 성공적으로 완수해서 경제적 자유를 누리게 된 이 책의 사람들이 얼마나 미친 듯이 집중했는지는 아무리 강조해도 지나치지 않는다. 돈의 노예가 되어 끌려다니는 인생이 지긋지긋했던 이들은 '더 이상 이렇게 살지 않겠다'고 다짐하고 독한 마음으로 변화를 시도했다. 이들은 단순히 내가 알려주는 연금술들을 머리로만 배운 것이 아니다. 이를 악물고 몸으로 변화를 만들었기에 돈에 맞서 승리할 수 있었다. 냉철한 이성만으로는 부자가 될 수 없는 법이다. '아자! 아자!'라고 소리치며 온몸에 힘을 불어넣자. 지금 우리에게 필요한 건 폭발적인 열정이다.

각종 연체금도 다 갚고, 예산서도 작성하고(배우자가 있다면 그와의 상의도 거쳤을 거라 믿는다), 집중력도 장착했다면 이제 고지서들을 모아 우선순위에 맞게 정리해보자. 펜과 종이를 가져와 당신의 목표를 글로 정리해보자. 그리고 그 종이를 냉장고와 침대 머리맡에 붙이고 아침저녁마다 보며 마음을 다잡아보자.

행동을 개시해야만 변화는 시작되므로.

부부가 싸우지 않고 평화롭게 예산 짜는 법

결혼을 한 경우라면 예산서 작성부터 나머지 모든 단계를 부부가 함께해야 한다. 부부가 한마음 한뜻이 되지 않으면 결코 그 가정의 경제는 안정을 되찾을 수 없다.

만약 중간에 급하게 예산을 변경해야 할 일이 생기면 부부 두 사람으로 구성된 '긴급예산편성위원회'를 열어보자. 이때 반드시 두 가지 조건이 만족되어야만 추가 예산을 승인할 수 있다.

첫째, 부부 두 사람이 지출의 불가피성에 대해 동의해야 한다.

둘째, 예산의 균형을 맞춰야 한다. 예컨대 갑자기 자동차가 고장나서 수리비로 500달러(약 50만 원)가 소요됐다면, 그 달 할당된 지출 내역 중 어느 한 곳에서 500달러를 줄여야 한다. 즉, 수입에서 지출을 뺐을 때 '0'이 되게 만들었던 균형을 끝까지 유지해야 한다.

예산 조정은 결코 심각한 문제가 아니며, 이 두 가지 조건만 만족하면 언제든 승인할 수 있다.

전 세계 가정의 이혼 사유 중 가장 많은 경우가 '돈 문제'로 인한 불화인데, 이는 상대방에게 돈에 관해 이야기하는 방법을 잘 몰라서 발생하는 일이다. 수십 년을 함께 살아도 돈에 대해서는 부부 각자 다른 관점을 갖고 있기 마련이다. 나는 이를 '고지식한 원칙주의자와 자유로운 영혼의 대결'이라는 말로 설명한다. 원칙주의자들은 숫자, 즉 예산서 작성을 좋아하고 지출을 통제하길 원한다. 그리고 그것이 배우자를 위한 길이라고 생각한다. 그러나 이때 자유로운 영혼들은 배우자가 자신을 위한다고 생각하지 않고 오히려 구속당한다고 느낀다. 숫자와 관련된 것이라면 거의 모두 골머리를 앓으며, 예산에 대해서도 금방 까먹곤 한다.

이들 중 하나가 반드시 옳거나 그른 것은 아니다. 다만 부부는 '하나의 팀'이라는 사실만 기억해주길 바란다. 돈 관리를 제대로 하기 위해 '계획'은 필수고, 계획을 짜는 과정과 실천의 과정이 모두 즐거워야 한다. 저축도 필요하지만 행복한 삶을 위해선 제대로 쓸 줄도 알아야 한다. 각자의 차이점이 오히려 서로를 보완할 수 있다는 점을 인정하고 함께 힘을 모아야 한다. 부디 당신과 배우자가 서로의 차이를 인정하고 즐겁게 받아들여 건강한 돈 관리를 이루어나가길 바란다.

특가 세일은
비상 상황이 아니다

비는 언제든 반드시 오기 마련이다. 비 오는 날을 대비해 우산을 준비해두는 것처럼, 갑작스럽게 돈이 필요할 때를 대비해 비상자금을 모아두어야 한다. 위기 때마다 신용카드 현금 서비스나 대출을 받겠다고 은행을 기웃거리지 말고 오직 당신의 힘으로 위기를 돌파해야 한다는 뜻이다. 목돈이 필요한 돌발 상황이 터졌다고 해서 또다시 은행의 힘을 빌린다면 당신은 영영 빈털터리 신세를 벗어나지 못할 것이다.

《타임》에서 발행하는 경제 잡지 《머니》의 보도에 따르면, 78%의 사람들이 10년에 한 번 정도는 인생이 크게 흔들릴 만한 예기치 못한 사건을 겪는다고 한다. 갑자기 회사에 구조조정 바람이 불어 해고를 당할 수도 있고, 잘 달리던 고속도로에서 누군가에게 들이받히는 바람에 크게 다칠 수도 있으며, 아기를 가질 계획이 전혀 없었는데 덜컥 임신을 할 수도 있다. 삶이란 본래 그런 것이니 미리 준비를 해야 한다. 우리가 미래를 대비할 수 있는 유일한 길은 그저 최대한 덜 흔들리도록 쿠션을 마련하는 것뿐이다.

우리네 할머니들이 옷장 속에 비상금을 꼬깃꼬깃 보관했다가 급할 때 꺼내 쓰신 것처럼 누구에게나 언제든 꺼내 쓸 수 있는 비상자금이 필요하다. 1000달러(100만 원)는 인생에서 벌어지는 각종 큰일들을 감당하기에는 벅찬 금액이지만, 당신의 한 달 예산이 흔들릴 정도의 일에는 충분히 제 역할을 해줄 것이다.

1000달러를 모았다고 해서 홀랑 물건을 사거나 여행을 가버려서는 곤란하다. 정말 '급한' 상황일 때만 꺼내 써야 한다. '머피의 법칙'이란 말을 들어봤을 것이다. 일이 좀처럼 풀리지 않고 갈수록 꼬이기만 하는 경우를 뜻하는데, 나는 상담을 하면서 자꾸만 머피의 법칙을 확인하게 되는 사람들을 자주 만났다. 하지만 흥미롭게도 건강한 돈 관리를 시작하면 머피의 법칙이 홀쩍 떠나버린다. 돈 관리가 삶에서 일어나는 문제들을 모두 없애주진 않지만, 내가 관찰한 바로는 비상자금이 두둑이 있는 집에는 머피가 잘 찾아오지 않았다. 비상자금이 머피를 쫓아내는 것이다. 이 머피라는 친구는 비상자금이 넉넉하게 있는 집보다는 빚에 끌려다니는 사람들의 집을 더 좋아하는 것이 분명하다.

대부분의 현대인이 '살면서 언제 어떤 비상사태가 벌어질지 모른다'는 명목으로 신용카드를 한 장 이상 소유하고 있다. 그러나 이들이 말하는 비상 상황은 사실 전혀 긴급한 상황이 아닐

때가 많다. 심지어 이들의 비상 상황에는 크리스마스도 포함되어 있다. 아니, 크리스마스가 '예기치 않게' 닥쳐온단 말인가? 산타 할아버지는 언제나 12월에 우리를 방문하지, 불시에 굴뚝을 타고 내려오지 않는다. 자동차 부품 교체 비용이나 아이들의 옷 구입도 마찬가지다. 소모품은 언젠가 바꿔줘야 하는 시기가 오며, 아이의 성장에 따라 옷을 새로 사줘야 한다는 것은 너무 당연한 사실이다. 절대 비상 상황이 아니다. 예측이 가능한 모든 일은 '예산'으로 관리해 예기치 않은 추가 지출을 막아야 한다.

단돈 100만 원이
만들어내는 기적

7가지 돈의 연금술에서 가장 중요하며 모든 과정에서 기본이 되는 첫 번째 연금술은 어떤 위기 상황에서도 오로지 자신의 힘으로 벗어나야 한다는 것이다. 어떤 상황이 닥치든 자기 자신을 구제해줄 수 있는 비상자금을 모으자. 연 소득이 2만 달러 (약 2000만 원) 미만이라면 500달러(약 50만 원)부터 시작해도 좋다. 소득이 2만 달러가 넘는다면 1000달러(약 100만 원)는 모아야 한다. 다른 지출을 줄이고 허리띠를 바짝 졸라매서라도 반드시 1000달러부터 마련하자.

내가 빚을 끔찍이 싫어한다는 사실을 아는 사람들은 간혹 '왜 빚 갚기를 1단계로 정하지 않았느냐'고 묻는다. 사실 나도 처음에는 빚 갚기가 가장 우선해야 할 법칙이라고 믿고 그렇게 권했다. 하지만 예기치 못한 긴급 상황이 벌어질 때마다 사람들은 쉽게 좌절했고, 결국 돈의 주인이 되는 7가지 과정을 포기해버리고 말았다. 그들은 비상 상황이 닥쳐서 상황이 원점으로 돌아가버리면 크게 낙심하고 심지어는 죄책감까지 느꼈다. 운동으로 비유하자면 러닝머신에서 달리기를 하며 몸을 풀다가 무릎을 다치는 바람에 '도저히 못 해먹겠다'며 그날 운동 자체를 그만두는 것과 같다.

이렇게 한번 하기 싫다는 생각이 들면 사람들은 어떤 핑계를 대서라도 그만두려고 한다. 예를 들어 이제 막 1단계를 시작한 사람이 차가 갑자기 고장 나서 300달러(약 30만 원)의 수리비용이 필요하게 된 경우를 생각해보자. 빚을 갚느라 수중에 돈이 한 푼도 없다면 그는 다시 신용카드를 꺼내 쓸 것이고, 그러면 결국 또 빚만 늘리는 셈이 된다. 겨우 300달러가 없었던 탓에 진정한 부자로 다시 태어날 수 있는 일생일대의 기회를 놓치게 되는 것이다. 일주일 동안 채소를 먹고 열심히 운동해 1킬로그램을 뺐는데 금요일 밤에 덜컥 아이스크림의 유혹에 빠져 2킬로그램이 다시 쪘다고 생각해보자. 울컥하는 마음에 다이어트를 포기하기 십상이고 그동안의 노력도 모두 물거품이 될 것이다.

따라서 빚을 갚기에 앞서 삶에서 일어나는 예기치 못한 작은 일들에 대처할 돈부터 모아야 한다. 이는 마치 근력 운동을 시작하기에 앞서 단백질 셰이크를 마셔 운동 효과를 최대화시키는 것과 같다고 생각하면 된다. 이 비상자금은 오래된 부채를 갚아나가는 동안 작은 머피들이 찾아와도 그 머피들이 새로운 빚이 되지 않도록 막아줄 것이다. 긴급한 상황이 벌어지면 이 비상자금으로 해결하고, 더 이상 빚을 늘려서는 안 된다. 이제는 정말 반복되는 지긋지긋한 악순환을 끊어버리자.

예산을 쥐어짜 긴축 재정을 실시하든, 초과 근무를 하든, 안 쓰는 물건을 중고로 팔든 어떤 방법으로든 1000달러를 모아라. 보통 한 달이면 1000달러가 모인다. 도저히 지금의 수입으로 한 달 안에 1000달러를 모으기는 힘들 것 같은가? 그렇다면 더 과감한 액션을 취하자. 배달 아르바이트를 하든, 부업을 하든 일단 비상자금 모으기에 미쳐라. 낭떠러지 앞에 서 있는 것 같은 절박함을 가져야 한다.

혹시 주변 사람들이 여전히 당신을 잘나간다고 생각하는가?
그렇다면 잘못된 길을 가고 있는 것이다.
그러나 당신을 미쳤다고 생각한다면 기뻐하라!
그건 바로 당신이 옳은 길을 가고 있다는 증거이니.

비상시에만
액자 유리를 깰 것

성공적으로 1000달러를 모았다면, 이제 해야 할 일은 이 돈을 보이지 않는 곳에 숨기는 것이다. 언제든 쉽게 꺼내 쓸 수 있는 곳에 두면 절대 안 된다. 힘겹게 모은 1000달러를 손 닿는 서랍에 넣어둔다면, 어느새 그 돈이 모두 치킨과 피자가 되어 당신의 허리둘레만 키워줄 것이 분명하다.

돈을 보이지 않게 숨기는 법은 여러 가지가 있다. 파이낸셜피스대학교에서 돈 관리 프로그램을 수강하고 있는 마리아는 월마트에서 작은 액자 하나를 구입해 '비상시에만 액자 유리를 깰 것!'이라는 문구와 함께 100달러짜리 지폐 열 장을 집어넣었다고 했다. 그리고 나서 겨울 코트가 잔뜩 걸린 옷장의 벽면 쪽에 걸어두었다. 만약 강도가 들어온다고 해도 설마 옷장 안 액자까지 깨보진 않을 것이고, 자신 역시 정말 긴급한 일이 아니고서야 유리를 깨진 않을 것이니 좋은 아이디어 같다. 꽤 창의적이지 않은가? 계좌에 넣든 액자 속에 넣어 옷장에 감추든 당신 뜻대로 하라. 그저 손에 닿지 않게 잘 숨기기만 하면 된다.

다만 은행에 맡길 계획이라면 생활비가 들어 있는 지출 통장과는 분리해 예치하길 권한다. 경계가 없으면 쉽게 써버릴 수 있기 때문이다. 이때 명심해야 할 것은 은행 계좌에 넣어두는 건 '이자'를 챙기기 위함이 아니라 단순히 '묶어놓기' 위해서라는 점이다. 목적을 잊은 채 수익률을 따져 펀드나 정기예금처럼 쉽게 인출할 수 없는 곳에 넣어둔다면 이는 비상자금의 기능을 다할 수 없다. 만약 1000달러가 넘는 여유 자금을 이미 가지고 있다면, 그 역시도 퇴직연금으로 넣어놓은 경우를 제외하고는 모두 빼서 유동성 있는 현금 상태로 보유하라. 양도성 예금증서일 경우에는 매매해서 현금화하고, 뮤추얼펀드일 경우에도 현금화하라. 주식이나 채권도 마찬가지다. 비상자금을 진짜 비상시에 곧바로 꺼내 쓸 수 없는 형태로 갖고 있으면, 또다시 빚을 질 가능성이 커진다. 이는 절대 비상자금이라고 할 수 없다.

그런데 다음 장의 두 번째 과정에서 지시하는 사항들을 실천하는 중 갑자기 차가 고장 나 비상자금 중 300달러를 써야 한다면 어떻게 해야 할까? 그런 경우에는 하던 일을 곧장 멈추고 이 페이지로 돌아와 비상자금이 다시 1000달러가 되도록 모으면 된다. 비상자금을 다 모으면 다시 멈춰두었던 두 번째 과정으로 돌아가 지시 사항을 계속 이행해라. 항상 일정 금액을 확보해두지 않으면 비상자금은 머지않아 바닥날 것이고, 그러면 급한 일을 처리하기 위해 빚을 지는 옛 습관으로 돌아가게 될 것이다.

*　*　*

첫 번째 연금술을 배운 소회는 사람마다 다를 것이다. "너무 간단한데?"라며 자신만만하게 금방 해내는 사람도 있을 것이고, 돈을 관리해 모으는 일이 처음이라 마냥 신기한 사람도 있을 것이다. 누군가에게는 너무 미미한 금액이라 우스꽝스러워 보일 수도 있지만, 또 다른 누군가에게는 앞으로의 재정 관리에 큰 변혁을 일으킬 만큼 단단한 정서적 토대가 될 수도 있다.

릴리의 경우가 그랬다. 싱글맘인 그녀는 이혼 후 8년 동안 두 아이를 혼자 키우며 재정적으로 어려운 시기를 겪고 있었다. 그녀는 과소비나 잘못된 돈 관리 때문이 아니라 생존을 위해 어쩔 수 없이 빚을 지고 있었다. 릴리에게는 터무니없는 고이율의 자동차 대출, 소액 대출, 그리고 많은 신용카드 빚이 있었다. 1200달러(약 120만 원)에 불과한 월수입으로 두 아이를 키워야 하는데, 설상가상으로 탐욕스러운 대출업체들에게 이자로 많은 돈을 내주고 있는 상황이었다. 그런 그녀에게 돈을 모으는 일은 동화 속 꿈나라 같은 이야기였다.

내가 처음 릴리와 만났을 때, 그녀는 이미 7가지 돈의 연금술을 실천하기 시작한 상태였다. 공개 강연을 듣고 몇 주 후, 그녀는 내 강연에 다시 찾아와 책에 사인을 받으며 자신에게 일어난 변화를 알려주었다. 사인을 받으러 온 그녀의 얼굴에는 환한 미소가 떠올라 있었다. 릴리는 감사의 의미로 한번 포옹해도 괜찮은지 내게 물었다. 괜찮다고 말하며 바라본 그녀의 얼굴에는 눈물이 흘러내리고 있었다. 릴리는 태어나서 처음으로 예산을 세워서 돈을 모아봤다고 말했다. 그리고 지난 수년 동안 자신이 겪은 힘든 과정에 대해 이야기했다.

"이제는 현금으로 모아둔 돈이 1000달러나 있어요."

이 이야기를 듣고 줄을 서 있던 모든 사람이 박수를 치며 진심으로 릴리를 응원했다. 이 1000달러는 그녀가 성인이 되고 처음으로 비상자금 용도로 모은 돈이자, 삶에 찾아오는 머피를 이겨내고 모은 귀중한 돈이었다. 하지만 그보다도 의미 있는 사실은, 릴리가 새로 찾은 희망을 통해 자유를 느끼게 됐다는 것이다. 그녀는 전에 가질 수 없었던 '희망'을 얻었다. 이제 돈을 관리하고 통제할 수 있다는 것을 알았기 때문이다. 그녀의 인생에서 돈은 오랫동안 그녀를 괴롭히기만 하는 적이었지만, 앞으로 돈은 릴리의 말을 충실히 따라줄 든든한 아군이 될 것이며 릴리는 훌륭한 연금술사가 될 것이다.

당신은 어떤가?

이제 결정을 내릴 시간이다.

7가지 돈의 연금술이 아직도 교과서 속 허울 좋은 이론처럼 느껴지는가, 아니면 믿고 따라올 준비가 되었는가?

내가 아직도 고리타분한 돈 관리만 파고드는 괴짜로 느껴지는가, 아니면 내가 제시한 방법들로부터 희망을 느끼고 있는가?

7장

치타에 쫓기는
절박한 가젤이 되어라

연금술 2 | 가장 강력한 적, 눈덩이 빚 갚기

격투 게임에서는 각 캐릭터마다 정해진 '필살기'가 있다. 이 필살기를 어떻게 활용하느냐에 따라 승패가 결정된다. 재산을 모으는 것도 각자가 가진 강력한 필살기를 어떻게 사용하느냐에 달려 있다. '재산을 모아주는 가장 강력한 도구'는 바로 당신이 벌어들이는 수입이다. 흔히들 부자가 되기 위해서는 탁월한 아이디어나 투자 전략, 목표, 비전, 집중, 창의적인 생각이 필요하다고 생각하지만, 이 모든 것보다도 더 중요한 것이 당신이 매달 버는 수입이다. 물론 부모로부터 재산을 물려받거나 복권에 당첨되어 얼떨결에 부자가 된 사람도 있다. 하지만 그것은 뜻밖의 행운이지 누구나 노력으로 얻을 수 있는 무기가 아니다. 재산을 잘 관리하지 못하면 아무리 일생일대의 대박 행운을 맞이한다 해도 이를 한순간에 잃어버릴 수 있다. 진정한 부자가 되려면 당신이 벌어들이는 수입, 즉 기본 소득을 지혜롭게 통제하고 관리할 수 있어야 한다.

가장 빠르게
진정한 부자로 거듭나는 법

분명한 사실이 하나 있다.

적어도 매달 갚아야 하는 빚이 없으면 당신은 진정한 부자로 거듭나는 시기를 앞당길 수 있다.

지겹도록 들은 말이겠지만 전쟁에서 이기기 위해서는 적을 알아야 한다. 당신이 부자가 되는 데 가장 막강한 적은 바로 '빚'이다. 내가 이토록 빚 청산을 목이 터져라 강조하는 이유는, 매달 갚아야 할 대출 상환금을 없애고 나서 아주 빠른 시간 안에 성큼성큼 백만장자가 된 사람들을 많이 봐왔기 때문이다.

자동차 할부금, 학자금 대출, 신용카드 대금, 그리고 주택담보 대출이 없으면 아주 빠르게 돈을 모을 수 있다. '에이, 설마 그럴리가 있겠어?'라고 생각하는 사람이 많을 것이다. 이는 잠재된 능력을 간파한 트레이너가 보디빌더 대회에 출전하기를 권하자 손사래를 치며 '에이, 제가 그럴 수 있나요?'라고 말하는 150킬로그램의 아저씨 같은 모습이다. 내가 확실히 보장하겠다. 나는 수많은 고도비만자들을 훈련시켜 보디빌더 대회에서 우승시켜 봤으니, 걱정 말고 나를 믿어도 좋다.

빚이라는 것이 얼마나 막강한 적인지 한번 계산해보자. 일반적인 미국 가정의 연간 수입은 5만 달러(약 5000만 원)로, 보통 매달 주택담보대출에 850달러(약 85만 원), 자동차 할부금에 495달러(약 50만 원), 그리고 차가 두 대인 경우 추가로 180달러(약 18만 원)를 낸다. 평균적으로 카드 빚은 약 1만 2000달러(1200만 원)인데 매달 185달러(약 19만 원)를 상환하고 있으며, 학자금 대출이 있는 경우에는 추가로 165달러(약 17만 원)가 더 나간다. 이 외에도 가구와 오디오 등 새 가구와 전자제품을 사느라 매달 카드 빚이 늘고, 이 돈을 120달러(약 12만 원)씩 갚고 있다. 만약 이 돈을 빚 갚는 데가 아닌 뮤추얼펀드에 투자한다면, 당신은 15년 만에 백만장자가 될 수 있다.

15년 후에 벌어질 일들은 더욱 놀랍다. 15년 후로부터 5년 후에는 이 돈이 200만 달러(약 20억 원)가 되며, 그로부터 또 3년 후에는 300만 달러(약 30억 원)가 되고, 그로부터 또 2년 반 후에는 400만 달러(약 40억 원), 또 2년 후에는 550만 달러(약 55억 원)가 된다. 28년 만에 550만 달러를 모으는 것이다. 이는 어디까지나 소득이 '평균 수준'일 경우다. 즉, 당신 가정의 소득이 평균보다 더 높다면 더 많은 돈을 모을 수 있을 것이고, 만약 소득이 평균 수준에 미치지 못할지라도 갚아야 할 빚이 적다면 고소득자 못지않게 빨리 돈을 모을 수 있을 것이다. 빚을 떠안고 있는 가정들보다 더 적극적인 투자가 가능하므로 유리한 지점에서 출발하는 셈이다.

만약 매달 3350달러(약 335만 원)의 수입을 올리는 가정에 갚아야 할 대출이나 할부금이 아예 없다고 가정해보자. 당신이 그 상황이라면 매달 1995달러(약 200만 원)를 투자에 쓸 수 있을까? 이 경우 매달 나가는 고정비는 공과금, 식비, 의류비, 보험비 정도고, 자녀나 반려동물, 자동차의 유무 등에 따라 기타 지출이 발생할 것이다. 다소 예산이 빠듯한 상황이긴 하지만 결코 불가능하지는 않다. 15년 동안만 이렇게 투자한다면, 15년 후에는 지금과 전혀 다른 놀라운 결과가 펼쳐질 것이다.

아마도 지금쯤은 많은 독자가 빚에서 벗어나기만 하면 부자가 될 수 있다는 희망에 부풀어 있을 것이다. 문제는 점점 당신을 옥죄여오는 현실의 빚이다. 하지만 걱정은 접어두어라. 당신에게 강한 의지만 있다면, 나는 당신이 이런 빚에 붙잡혀 넘어지지 않도록, 그래서 어떤 생채기도 없이 산에 오를 수 있도록 도와줄 것이다. 사실 내가 알려주는 빚 청산 방법은 실패할 염려가 없긴 하지만, 매우 힘들다는 맹점이 있다. '평범'한 대부분의 사람들은 해내기 어렵다. 그러나 당신은 다르다! "남들이 쓸 때 돈을 모아야 나중에 남들과 다르게 살게 된다"라는 말을 이해하지 않았는가. 게다가 당신은 현재의 상황에 진저리가 나 있는 상태이며, 어떤 대가를 치르고서라도 목표를 이룰 준비가 되어 있다.

지금 내가 설명할 과정은 7가지 돈의 연금술 중 가장 따르기 어렵다. 이 연금술을 실천할 때 그 모든 과정에서보다 가장 많은 노력과 인내가 필요하며, 주변의 친구들과 친척들에게 비웃음을 사기도 할 것이다. 하지만 그만큼의 보람을 약속한다. 남들의 반응은 개의치 말라. 숭배에 가까울 정도로 나를 굳게 믿기를 바란다. 흔들리지 않는 집중력이 필요한 때이니 말이다. 집중력을 모두 빚 청산에만 사용해라. "위대한 정신을 가진 사람들은 종종 나약한 사람들의 격렬한 반대를 겪는다"라는 아인슈타인의 말을 기억하라.

빚을 청산하고 재산을 모아 부자가 되는 것이 판타지가 아니라는 사실을 정말로 믿는다면, 빚을 없애기 위해 기꺼이 인내할 줄 알아야 하고 고생도 불사해야 한다.

혹 가족과 친구들이 당신을 못마땅해하는가?

남들이 이상한 눈으로 쳐다보는가?

그렇다면 그들에게 여유로운 미소를 싱긋 날려주어라.

당신의 내일은 그 사람의 내일과는 차원이 다를 것이니.

떼쓰는 아이를
호되게 꾸짖어라

두 번째 법칙에서는 당신 내면에 존재하는 떼쓰는 아이를 호되게 야단치고, 그 아이가 저질러놓은 사고들을 수습해야 한다. 나는 이 과정을 '눈덩이 빚 갚기'라고 부르는데, 마치 작은 눈덩이를 굴리기 시작하면 금세 커다란 눈덩이가 되듯 작은 빚부터 시작해 빚 청산에 가속을 붙이는 방법이기 때문이다.

미리 말해두지만 특히나 이 과정에는 대단히 많은 노력이 필요하다. 앞서 경제적 자유를 이루는 데 80%는 행동이고 머릿속 지식이 차지하는 몫은 20%에 불과하다고 말했다. 눈덩이 빚 갚기 역시 복잡한 공식이나 계산보다는 실천과 행동이 더 중요하다. 재무상담사로서 나는 무언가를 시작하기에 앞서 수학적으로 꼼꼼하게 계산을 해봐야 직성이 풀리는 사람이다. 하지만 상황에 따라서는 확실하게 동기를 부여해 행동을 이끌어내는 방법이 더 효과적일 때가 있다. 빚을 청산하는 과정이야말로 바로 그런 일 중 하나다.

여기서는 먼저 자신이 진 모든 빚을 가장 적은 금액부터 가장 큰 금액까지 목록에 적는 일부터 시작해야 한다. 주택담보대출은 나중에 별도로 다루므로 여기서는 제외시켜도 좋다. 부모님에게 빌린 돈부터 신용카드 무이자 할부금까지 모두 적어보자. 이자율이 24%에 이르든 4%에 불과하든 그에 상관없이 금액이 적은 순서대로 목록을 작성하라. 아니, 빚을 갚으려면 이자율이 높은 것부터 갚아야 하는 것 아니냐고? 언제부터 셈에 그렇게 능했는가? 당신이 그렇게 셈이 빠른 사람이었다면 애초에 빚을 지지도 않았을 것이다. 그러니 단순하게 금액이 적은 순서대로 써보라. 다만 국세청에 내야 할 세금이 연체됐거나, 갚지 않으면 곧바로 압류가 되는 빚이 있다면 크기에 상관없이 먼저 갚아야 한다.

규모가 가장 작은 빚부터 갚아야 하는 이유는 단기간에 성취감을 얻기 위해서다. 앞서 말했듯 눈덩이 빚 갚기 과정은 수치나 계산보다 동기 부여가 더 중요하다. 만약 다이어트를 시작해서 첫 주에 목표로 삼은 만큼 살을 빼는 데 성공한다면, 더 의욕을 갖고 다이어트를 잘해낼 수 있을 것이다. 그러나 오히려 몸무게가 늘거나 6주가 지났는데도 가시적인 진전이 없다면 다이어트를 포기하게 될 것이다.

나는 영업사원들을 교육시킬 때도 품목 한두 개를 빠르게 팔 수 있도록 교육한다. 최대한 빨리 그들이 한두 건의 성과를 낼 수 있도록 도와 영업사원들의 의욕을 고취시키고 '불붙게' 만들기 위해서다. 눈덩이 빚 갚기를 시작하고 얼마 되지 않아 작은 빚들을 모두 갚고 나면, 틀림없이 의욕과 자신감이 생겨날 것이다. 이 과정에서는 빠르게 성취감을 얻는 것이 중요하다. 그리고 이 진리는 놀랍게도 모든 사람에게 적용된다.

한 예비 연금술사는 눈덩이 빚 갚기 계획표를 크게 인쇄해 냉장고 문에 붙여놓았다. 그리고 빚을 없앨 때마다 갚은 빚에 빨간 줄을 그었다. 그녀는 주방에 갈 때마다 냉장고 문을 보며 "이것 봐! 나는 빚을 잘 갚고 있어!"라고 소리 내어 말하며 자신을 격려했다고 한다. 조금 유치해 보일지 모르지만, 그녀는 7가지 돈의 연금술을 실천하는 데에 행동의 변화가 중요하며 작더라도 빠르게 성취 경험을 쌓아갈 때 그 변화가 더욱 커질 수 있다는 사실을 잘 이해했다. 그녀가 단순한 사람이어서가 아니다. 그녀는 오히려 학식과 교양이 뛰어난 데다가 셈에도 매우 밝았다. 하지만 빚 갚기만큼은 셈보다도 강력한 동기 부여와 행동이 필요하다는 사실을 받아들인 것이다.

질질 끌던 카드 대금 52달러(약 5만 원)나 8개월 전에 냈어야 할 휴대폰 요금 122달러(약 12만 원)를 냈다고 해서 당신의 삶에 대단한 변화가 일어나는 것은 아니다. 하지만 당신은 효과가 있는 과정에 착수했고, 실제로 그 효과를 확인했으며, 지금까지의 노력이 실제로 효과를 발휘한다는 사실에 더 나아갈 힘을 얻어 계속 열심히 빚을 갚아나가게 될 것이다.

지치지 않고 빚을 갚는 간단한 방법

가장 작은 빚부터 가장 큰 빚까지 순서대로 적은 후, 가장 작은 빚을 제외한 나머지 빚은 최소 상환금만 내라. 예산에서 확보해낸 모든 돈은 가장 작은 빚을 완전히 갚는 데 사용하라. '도저히 대출금을 더 낼 형편이 아니야'라고 변명하며 이전의 생활을 반복하는 일은 그만두자. 더 지독하게 예산을 쥐어짜야 한다. 가장 작은 빚의 상환이 끝나면 예산에서 확보한 돈으로 그다음 작은 빚을 상환해나가라. 실천하다 보면 빚 갚기에 쓸 수 있는 돈을 예산에서 추가로 '발견'하는 경험을 하게 될 것이다. 두 번째 빚을 다 갚으면 기존에 예산에서 확보했던 돈과 새로 발견한 돈을 합쳐 세 번째 빚을 갚아라. 그리고 모든 빚을 청산할 때까지 이 방법을 무한으로 반복하라.

여기서 지켜야 할 원칙은, 가장 작은 빚을 완전히 다 갚기 전까지 다른 빚은 최소한의 상환금만 내야 한다는 것이다. 하나의 빚을 완전히 갚을 때마다 그다음 빚 갚기에 쓸 수 있는 돈은 많아질 것이다. 그전까지 가장 작았던 빚 갚기에 쓰던 돈과 예산에서 새롭게 발견한 돈을 합쳐 다음 빚을 상환하기 때문이다. 빚도 눈덩이처럼 늘어날 수 있지만, 갚을 때도 눈덩이처럼 갚아나갈 수 있다.

이 방법을 실천한 대부분의 사람들은 이렇게 빚 목록의 마지막까지 다다르면서 자동차 할부금이나 학자금 대출처럼 매달 1000달러(약 100만 원)가 넘는 큰돈도 잘 갚아갈 수 있다는 걸 경험했다. 눈덩이 빚 갚기를 통해 주택담보대출을 제외한 모든 빚에서 탈출하는 것이 바로 두 번째 연금술에서 실천해야 할 사항이다.

온 정신을
집중하라

처음 재무 상담을 하며 이 과정을 가르치기 시작했을 때는 구체적으로 어떻게 해야 성공적으로 2단계 과정을 마칠 수 있는지 확실히 이해하지 못했다. 하지만 지난 수십 년 동안 훌륭하게 눈덩이 빚 갚기를 수행한 사람들을 지켜보면서 그들에게는 확실한 공통분모가 있다는 사실을 깨달았다. 철저하게 예산서를 작성하고, 더 이상 연체금을 만들지 않으며, 작은 빚부터 갚아나가며 당장의 욕구를 희생하고 빚 청산에 온 정신을 집중하는 사람들이 결국은 2단계 과정을 성공적으로 마쳤다. 이 중에서도 '온 정신을 집중'하는 것이 가장 중요하다.

온 정신을 집중한다는 건 다른 말로 '무슨 일이 있어도 반드시 빚에서 탈출하겠다'는 마음가짐과 실천이다. 구겨진 신문지 옆에 돋보기를 가져다 놓는다고 해서, 혹은 신문지를 펼쳐놓고 그 위에 돋보기를 이리저리 움직여본다고 해서 신문지에 불이 붙진 않는다. 신문지의 한곳에 돋보기를 대고 집중적으로 햇볕을 쪼여야만 비로소 신문지에 불이 붙는다. 빚을 갚는 과정도 똑같다. 빚 청산에 온 정신을 집중해야만 성공을 맛볼 수 있다.

'이거 괜찮은 것 같은데 어디 한번 해볼까?'라는 안일한 마음으로 시도해서는 결코 성공할 수 없다. 오로지 목표에만 집중해야 이길 수 있고, 목표가 어디인지 모르면 아무리 노력해도 닿을 수 없다.

어느 누구도 '이 비행기가 어디로 가지?'라는 생각을 하면서 비행기에 타지 않는다. 뉴욕에 가야 한다면 뉴욕행 비행기를 타야 한다. 택시를 잡아타고 "어디로 가야 하죠, 아저씨?"라고 말하는 사람은 없지 않은가? 택시를 탈 때조차 정확한 목적지를 말하고, 얼마나 걸릴지, 요금은 얼마나 나올지 물어보면서 왜 유독 돈에 대해서는 목적도 갖지 않은 채 잘 관리할 수 있다고 자신하는가? 비행기를 탈 때는 '아무 비행기나 타면 어디로든 떨어지겠지'라고 생각하지 않으면서 왜 돈 문제에서는 '이러다가 언젠간 해결되겠지'라며 태평하게 스스로를 내버려두는가?

빚을 청산할 것인가, 아니면 지금까지 해왔던 것처럼 빚에 질질 끌려다닐 것인가?

빚을 모두 청산하겠다고 다짐했다면 다른 곳에 한눈팔 이유도, 여유도 없다.

오로지 빚을 갚는 데만 집중하라.

어느 날 우연히 디스커버리 채널에서 가젤에 대한 이야기를 본 적이 있다. 가젤은 한가롭게 풀을 뜯어 먹고 있었다. 늘 그렇듯 디스커버리 채널에는 한 동물만 등장하지 않는다. 화면이 바뀌자 한쪽 덤불 속에서 치타가 은밀히 자신의 점심거리를 지켜보고 있는 모습이 나왔다. 그 순간 가젤의 무리 중 한 마리가 치타의 냄새를 맡고 주변에 치타가 있음을 눈치챘다. 치타가 눈앞에 보인 것은 아니었지만 언제 자신들을 덮칠지 모른다는 공포에, 가젤들은 모두 풀을 뜯는 동작을 멈추고 숨을 죽였다. 자신의 정체가 드러났음을 눈치챈 치타는 덤불에서 뛰쳐나와 전속력으로 가젤들을 향해 돌진했다. 가젤은 치타의 등장에 놀라 미친 듯이 전력 질주하기 시작했다. 이날 디스커버리 채널은 치타가 지구상에서 가장 빠른 포유류임을 여실히 보여줬다. 정지 상태에서 치타는 순간적으로 네 발자국 만에 시속 72킬로미터의 속도를 낼 수 있다.

그리고 이날 방송은 가젤이 치타보다 빠르진 않지만, 이리저리 방향을 바꾸며 치타를 따돌리고 그를 지치게 할 수 있다는 것도 보여줬다. 사실 치타가 사냥에 성공해 가젤을 잡아먹을 수 있는 건 고작 열아홉 번 중 한 번꼴이라고 한다. 육지에서 가장 빠른 치타는 가젤보다 더 높은 먹이사슬에 위치하지만, 가젤은 거의 매번 치타를 따돌리는 것이다.

당신도 마찬가지다.

빚이라는 치타에서 벗어나려면 이리저리 방향을 바꾸며 도망치는 가젤이 되어야 한다.

죽기 살기로 적을 따돌리는 절박한 마음을 가져야 한다.

우리 사무실의 재무상담사들은 이 과정을 대하는 고객들의 태도만 봐도 그 사람이 빚에서 탈출해 돈의 연금술사로 재탄생할 수 있을지, 영영 돈의 노예에서 벗어나지 못할지를 귀신같이 가늠한다. 고객이 냉장고에 눈덩이 빚 갚기 계획서를 붙이고 다 갚은 빚은 빨간색 펜으로 그으며 환호한다면, 충분히 지금의 상황에서 탈출할 수 있다고 격려한다. 그러나 인내와 고생과 집중 대신 일확천금을 노리거나 머리로 생각하는 데에만 몰두한다면, "당신은 결국 치타의 점심거리가 된 가젤과 같군요"라고 쓴소리를 던진다.

눈덩이 빚을 없애는 가장 분명한 방법은 더 이상 빚을 지지 않는 것이다. 빚을 갚는 도중에 계속 빚을 늘려간다면 대출업체의 이름만 바뀔 뿐 목록은 줄어들지 않는다. 그러니 "나는 앞으로 다시는 대출을 받거나 빚을 지지 않겠다"라고 다짐하라. 이렇게 선언해도 얼마 지나지 않아 곧 당신의 의지력을 테스트할 일이 반드시 생길 것이다. 당신이 얼마나 가젤처럼 절박하게 집중할 수 있는지 신이 시험이라도 하는 것처럼, 갑자기 차가 고장이 난다거나 어딘가 수술해야 할 일이 생겨나곤 한다. 바로 이때가 결심을 더 굳히고 신용카드를 잘라야 할 때다.

나는 종종 "지금 당장 신용카드를 잘라야 하나요, 아니면 카드 대금을 다 갚고 나서 잘라야 하나요?"라는 질문을 받는다. 그러면 누구에게나 똑같이 대답한다.

"아직도 신용카드를 안 자르셨다고요? 지금 이 자리에서 바로 잘라버리십시오!"

당신은 이제 겨우 빚에 관한 생각을 바꾸는 데 성공했다. 그러니 무슨 일이 생기더라도 빚을 내지 않고 문제를 해결할 방법을 찾아야 한다. 더 이상은 어떤 빚도 지지 않으려고 필사적으로 노력해야만 빚더미에서 빠져나올 구멍이 보일 것이다.

필요하다면
다이너마이트라도 불사하라

눈덩이 같은 빚을 없애려고 이리저리 굴리다 보면 간혹 삐걱거릴 때도 있다. 예산을 짜다 보면 최소 상환금을 내는 데 모든 돈을 쓰느라 가장 작은 빚을 갚을 돈조차 생기지 않을 때도 있기 마련이다. 즉, 눈덩이 빚 갚기를 굴릴 동력이 바닥난 것이다. 이럴 때의 해결책을 이해하기 위해 한 가지 예시를 살펴보자.

나의 고조할아버지는 켄터키주와 웨스트버지니아주가 맞닿아 있는 지역에서 목재 생산업을 하셨다. 변변한 운송 장비가 없던 그 시절에는 산에서 벤 나무를 강으로 띄워 내려 보내 강 아래에 위치한 제재소까지 운반했다고 한다. 그런데 강이 굽이진 곳에서는 목재들이 원활하게 흘러가지 못해 한군데 뒤엉켜 쌓이는 일이 종종 발생했다. 이렇게 병목현상이 발생하면 뒤에서 잘 따라오던 나무들까지 쌓이게 된다. 보통 이럴 땐 벌목꾼들이 나무를 밀어서 다시 흐름을 트지만, 목재가 너무 많이 쌓이거나 다른 방법으로도 해결이 되지 않을 때는 근본적인 조치를 취할 수밖에 없었다. 바로 병목현상이 일어난 곳 한가운데에 다이너마이트를 던지는 것이다. 이는 극적인 효과를 가져왔다. 다이너마이트가 터지면 목재와 목재 파편이 공중으로 튀어 오르면서 길이 트인다. 물론 이 과정에서 목재 몇 개는 버릴 수밖에 없다. 그러나 일을 진척시키기 위해서는 어느 정도 희생이 필요한 법이다.

빚을 청산하는 과정도 이와 마찬가지다. 예산을 아무리 쥐어짜도 도저히 빚을 갚을 만한 여윳돈이 생기지 않는다면 극단적인 조치를 취해서라도 자금의 흐름을 원활하게 만들어야 한다.

이럴 때 우리가 던져야 할 다이너마이트는 무엇일까? 그중 한 방법이 집에서 안 쓰는 물건을 중고로 내다 파는 것이다. 비싼 돈을 주고 샀지만 평상시에 잘 안 쓰던 물건을 인터넷 중고 사이트에 팔아라. 치타에게 몰린 가젤처럼 절박하게, 자녀들이 '저러다가 나까지 내다 파는 거 아니야?'라고 느낄 만큼, 친구들이 제정신이냐고 물을 만큼 치열하게 물건을 내다 팔아라. 당신의 자금 흐름이 막혀 있어서 눈덩이 빚 갚기가 굴러가지 않는다면, 이처럼 극단적이지만 근본적인 해결책을 찾아야 한다.

나는 2단계 과정을 성공시키기 위해 온갖 것들을 내다 파는 사람들을 많이 봤다. 오토바이나 보트를 파는 경우는 예사였고, 골동품과 같이 값진 것들(그러나 일단 팔고 나면 되찾을 수 없으므로 집안 대대로 내려오는 가보만큼은 팔지 말고 참아보자)이나 집에 있는 차 두 대 중 한 대를 파는 사람도 있었다. 다만 나는 이런 상황에서 '집'을 파는 건 추천하지 않는다. 급여의 45% 이상을 주택담보대출 상환으로 쓰는 경우가 아니라면 말이다. 이 정도만 아니라면 집은 대개 문제가 되지 않는다. 하지만 빚 중에서 자동차 할부금이 가장 크다면, 차는 가급적 팔고 대중교통을 이용하길 권유하고 싶다.

또한 18~20개월 안에 청산할 수 없는 빚이라면 집을 제외하고는 모두 팔아야 한다는 것이 내 지론이다. 18개월에서 20개월 안에 갚을 수 없는 차나 보트, 기타 고가의 물건을 가지고 있다면 과감히 팔아라. 다이너마이트를 던져서 병목현상을 없애야 한다. 나 역시 차를 너무나 사랑하는 사람이었지만 눈물을 머금고 작별을 고했다. 빚에서 벗어나길 원하면서 큰 빚을 계속 감당하는 것은 모래주머니를 차고 달리기 시합에 나간 것과 같다. 지금 남들과 다르게 살아야 나중에 남들과 다르게 살고, 더 좋은 차도 몰 수 있다는 사실을 기억하길 바란다.

안타깝게도 여전히 많은 사람이 다이너마이트 터트리기를 주저한다. 나는 이런 사람들을 보면 마음이 아프다. 그들은 고작 몇 개의 목재 때문에 힘들게 벤 수백 개의 목재가 제재소에 도착해 시장에서 팔리는 걸 보지 못한다. 이들의 미래는 정해져 있다. 절대 부자가 되지 못한 채 계속 빈털터리로 살게 된다는 것. 이는 "똑같은 차 수십 대를 현찰로 살 수 있는 경제적 여유보다 이 골칫덩이 차가 훨씬 더 좋아요"라고 말하는 것과 같다. 부디 이런 실수는 하지 말길 바란다.

도저히 다이너마이트를 던지기 싫다면 다른 방법이 있기는 하다. 막혀 있는 목재들을 모두 밀어낼 만큼 많은 물을 흘려보내는 것이다. 수입을 극적으로 늘려서 흐름을 뚫는 이 방법은 눈덩이 빚 갚기를 다시 굴러가게끔 한다. 최대한 예산을 빡빡하게 짜서 알뜰하게 생활하고 있는데도 빚을 갚을 여유가 생기지 않는다면 돈이 되는 물건을 팔든지, 밤에 아르바이트를 하든지 결정해서 돈이 나올 구멍을 찾아야 한다.

물론 그렇다고 해서 언제까지나 일주일에 100시간씩 일하라는 이야기가 아니다. 나 역시 그런 걸 좋아하는 괴짜가 아니다. 하지만 극한 상황에는 극적인 처방이 필요하다. 감당할 수 있을 만큼의 기간 동안 일시적으로 초과근무를 하거나 '투잡'을 하는 방법 외엔 별 수가 없다. 저자 사인회 때 말을 걸어온 랜디가 이 방법을 택한 경우였다. 26살의 랜디는 21개월 만에 7만 8000달러(약 7800만 원)에 달하는 빚을 모두 갚았다고 말했다. 아끼던 자동차도 처분하고, 체력이 감당할 수 있는 선에서 최대한 많이

(사실상 하루도 쉬지 않고 일주일 내내 매일 10시간씩) 일했다고 했다. 놀랍게도 그는 의사나 변호사처럼 고소득 업종에 종사하는 것도 아니었다. 배관공이었던 그는 나를 보러 책 사인회에 온 그날도 조금 전까지 일을 하고 왔다고 했다. 옆에 있던 그의 아내는 존경심 가득한 눈으로 남편을 바라보며, 지난 1년간 남편의 얼굴을 몇 번 보지도 못했을 정도라고 말하며 웃음 지었다. 7만 8000달러라는 큰 빚을 안고 있던 이 젊은 부부가 그간 얼마나 마음을 졸이고 불안해했을지 절로 상상이 갔다. 이렇게 희생한 끝에 이들은 자신들의 원래 소득으로는 도저히 갚을 수 없을 것만 같았던 빚을 약 2년 만에 모두 청산했다.

어느 날 밤에는 피자가게에 들렀는데 한 남성이 배달할 피자를 들고 나오다가 나를 보더니 반갑게 웃으며 인사했다.

"안녕하세요, 램지 씨! 당신의 책을 읽은 후 여기서 부업으로 피자 배달 일을 하고 있어요. 3개월만 더 일하면 빚에서 완전히 벗어날 수 있답니다."

이 말을 한 사람은 용돈을 벌기 위해 아르바이트를 하는 17살 소년이 아니라, 빚에서 간절히 벗어나길 바랐던 35살의 가장이었다.

우리 사무실에도 빚을 청산하기 위해 가젤의 집중력으로 일을 하는 절박한 청년이 있다. 5시 30분에 일이 끝나면 그는 매일 택배 배송 아르바이트를 하러 간다. 4~5시간을 더 일해야 하는데도 얼굴에 미소를 띤 채 사무실을 나선다.

왜 이들은 그토록 힘들게 일하면서도 웃음을 잃지 않을까? 비록 지금은 쉴 틈도 없고 하루 종일 고되게 일하고 있지만 내일은 다르리라는 확신을 갖고 있기 때문이다. 오늘 남들과 다르게 열심히 일하면 몇 년 뒤에는 남들과 전혀 다른 여유로운 삶을 살 것이라는 굳건한 믿음이 있기에 그들은 환히 웃을 수 있다.

우선순위를
결정하는 법

어느 날 맷이라는 청취자가 라디오 프로그램에 전화 상담을 요청했다. 그는 두 번째 연금술을 배우고 실천하는 데 걸림돌이 될 수 있는 또 다른 문제를 이야기했다. 눈덩이 빚 갚기를 성공적으로 완수하기 위해 지금까지 잘 유지한 퇴직연금 적립까지 포기해야 하냐는 질문이었다. 그는 적립액의 3%까지는 회사에서 전부 보조해주기 때문에 퇴직연금 적립을 멈추는 게 너무 아깝다고 말했다. 숫자 계산에 일가견이 있는 내가 보기에도 이 조건은 매력적이었지만, 그래도 빚더미에 올라앉은 사람에게는 연금보다 더 중요한 것이 빚 청산이기에 나는 그에게 퇴직연금 적립은 잠시 미뤄두라고 조언했다. 정말 절박한 가젤이 되어야 할 처지라면 아무리 좋은 조건이 있더라도 퇴직연금 적립을 잠시 멈춰야 한다. 장기적으로 봐도 은퇴자금을 모으는 것보다 당장의 빚을 처분하는 편이 더 중요하다. 이로 얻을 수 있는 가치는 빚의 수렁에서 빠져나오기 위해 어떤 희생이든 감수할 준비가 되어 있는 사람에게만 보일 것이다.

가젤처럼 죽을힘을 다해 빚 청산에 매진하는 사람이라면 아마 수개월 이내에 빚을 갚고 퇴직연금을 다시 낼 수 있을 것이다. 더 이상 갚아야 할 빚이 없는 상태라면 퇴직연금에 넣을 수 있는 적립액은 더 크게 늘어난다. 다이너마이트를 던지는 방법까지 동원한 사람들은 집을 제외한 모든 빚을 대개 18개월 만에 청산한다. 다만 7가지 돈의 연금술을 시작한 시기의 부채 규모나 소득, 저축액의 수준에 따라 격차는 생길 수 있다. 만약 자신의 상황과 소득 수준에 비해 너무 큰 빚의 수렁에 빠진 경우라면, 이때는 예외적으로 퇴직연금을 계속 부으면서 해결책을 모색하길 권하기도 한다. 아래 두 명의 사례를 통해 자신의 상황이 어느 쪽에 가까운지 객관적으로 분석해보길 바란다.

필은 연 소득이 12만 달러(약 1억 200만 원)이고 7만 달러(약 7000만 원)의 빚을 가지고 있으며, 그중 3만 2000달러(약 3200만 원)가 자동차 할부금이다. 그는 어떤 핑계도 대지 말고 일단 차를 처분하고 라이프스타일을 바꿔 빚을 갚는 데 집중할 필요가 있다. 연 소득을 감안할 때 필은 9개월간 바짝 노력하면 모든 빚을 갚을 수 있고, 이 경우는 '너무 큰 빚의 수렁에 빠진 상황'이 아니다.

다만 태미의 경우는 이야기가 다르다. 결론적으로 그녀는 깊은 수렁에 빠져 있다. 태미에게는 7만 4000달러(약 7400만 원)의 각종 대출금과 1만 5000달러(약 1500만 원)의 신용카드 빚이 있다. 태미는 세 자녀를 혼자 키우는 싱글맘인 데다가, 연 소득은 2만 4000달러(약 2400만 원)에 불과하다. 그녀가 모든 빚을 갚으려면 수년, 혹은 수십 년이 걸릴지 모른다. 이처럼 매우 예외적인 상황에서는 회사의 보조를 받으며 계속 퇴직연금을 적립하는 편이 낫다.

비상자금을 썼을 때의 해결법

한창 더위가 기승을 부리던 때, 두 번째 과정을 수행하고 있던 페니의 에어컨이 고장 나버렸다. 수리비용은 650달러(약 65만 원)나 되었고, 페니는 이를 비상자금으로 충당했다. "1000달러를 모아뒀으니 정말 다행이야"라며 그녀는 안도의 한숨을 내쉬었다. 그렇다면 이제 어떻게 해야 할까? 눈덩이 빚 갚기를 계속해야 할까, 아니면 이를 잠시 멈추고 비상자금 1000달러 모으기로 되돌아가야 할까?

이때는 잠깐 눈덩이 빚 갚기를 멈춰야 한다. 각종 빚에 대해 최소 상환금만 갚으면서 비상자금 1000달러가 채워질 때까지, 첫 번째 연금술에 다시 집중해야 한다. 그렇게 하지 않으면 다음에 또 비상사태가 발생했을 때 신용카드를 새로 만들고 또 빚을 만들게 되는 수가 있다. 따라서 비상자금을 꺼내 쓴 후에는 1000달러가 다시 채워질 때까지 첫 번째 과정을 수행하라. 적정 금액의 비상자금이 모아지면 그때 다시 돌아오면 된다.

규모가 큰 빚은
별도로 관리하라

　다양한 이유로 많은 사람이 집을 담보로 한 후순위담보대출을 받는다. 후순위담보대출 역시 두 번째 연금술인 눈덩이 빚 갚기 과정에서 해결해야 할까? 아니면 선순위주택담보대출과 함께 나중에 별도로 처리해야 할까? 이러나저러나 후순위담보대출 역시 갚아야 할 빚이라는 사실은 분명하다. 여기서 명확하게 기준을 제시하자면, 일반적으로 후순위담보대출이 연 소득의 50%를 넘지 않는 수준이라면 모두 눈덩이 빚 갚기 단계에 포함시켜 갚아야 한다. 즉, 연 소득이 4만 달러(약 4000만 원)인데 후순위담보대출이 1만 5000달러(약 1500만 원)라면, 이 경우는 눈덩이 빚 갚기 단계에 포함시켜서 없앤다. 그러나 연 소득의 50%가 넘는다면, 즉 연 소득이 4만 달러인데 후순위담보대출이 3만 5000달러(약 3500만 원)가 있다면 이때는 주택담보대출 갚기 과정(연금술 6)에 포함시켜야 한다.

　그렇다면 사업자금을 대출받은 경우에는 어떻게 해야 할까? 많은 소규모 자영업자가 사업상의 이유로 빚을 지고 있고, 그 빚 대부분이 개인 빚인 경우가 많다. 쉽게 말해 대출을 받은 당사자 개인이 갚아야 할 몫이라는 뜻이다. 만약 은행에서 개인사업 자금을 대출받았거나 신용카드로 창업자금을 서비스 받았다면 그 대출의 상환 의무는 전적으로 당신에게 있다. 그러니 소규모 자영업을 위해 진 빚도 다른 빚들과 마찬가지로 눈덩이 빚 갚기 목록에 규모가 작은 순서대로 나열하라. 단, 사업으로 진 빚이 연 소득의 50% 또는 주택담보대출의 50%를 넘는다면 이 빚은 눈덩이 빚 갚기 목록에서 빼 별도로 관리해야 한다. 그보다 작은 빚만 목록에 포함시켜 빠르게 갚는 편이 좋다.

규모가 커서 별도로 갚아야 할 또 다른 빚은 투자용 임대 부동산을 위한 주택담보대출이다. 일단 눈덩이 빚 갚기를 위해서는 더 이상 투자용 임대 부동산을 매입하지 말아야 한다. 그리고 투자용 임대 부동산에 대한 주택담보대출금 상환은 나중의 단계로 미뤄두라. 당신이 실거주하는 주택의 주택담보대출 상환 역시 지금이 아니라 여섯 번째 연금술에서 해결해줄 것이니, 투자용 임대 부동산에 대한 대출 상환은 당연히 그 후에 해야 한다. 이 역시도 크기가 작은 것부터 큰 순서대로 적고, 작은 것부터 먼저 집중해서 갚아나가도록 하라.

하지만 그보다 먼저 숙고해야 할 사항이 있다. 만약 투자용 임대 부동산을 여러 개, 아니 설령 하나를 갖고 있다 해도 빚을 갚으려면 이 부동산들을 처분해야 하는 것 아닌지부터 고려해 봐야 한다. 신용카드 빚이 4만 달러(약 4000만 원)가 있는데 4만 달러짜리 투자용 임대 부동산을 보유하고 있는 것은 말이 되지 않는다. 노파심에 말하는데, 행여 투자용 임대 부동산을 사느라 4만 달러의 빚을 지는 경우는 없길 바란다. 만약 당신이 지금 기술한 것과 같은 상황이라면 나는 이것부터 묻고 싶다. 빚을 제하고 나면 남는 것이 없는데 대체 왜 그런 상태를 유지하고 있는 것인가?

정리하자면 두 번째 법칙에서 상환을 미뤄둘 대출금은 주택담보대출, 후순위주택담보대출, 개인사업자금대출, 투자용 임대 부동산 주택담보대출이다. 이 밖의 빚은 절박한 가젤의 집중력, 극한의 인내, 안 쓰는 물건 내다 팔기, 초과근무와 부업을 통해 모두 없앨 수 있다. 당신의 열정에 불이 붙기만 한다면 이 과정을 18개월에서 20개월 사이에 거뜬히 끝낼 수 있을 것이다.

각자의 사정에 따라 차이는 생길 수 있지만, 그 기간이 예상보다 길어지더라도 절대 겁에 질리지 마라.

더 절박하게 노력하면 얼마든지 그 기간을 단축할 수 있다.

눈덩이 빚 갚기 과정은 돈의 주인이 되기 위한 걸음마 과정 중 가장 중요한 단계다. 왜 그럴까?

첫째, 진정한 부자가 되기 위해 사용해야 하는 가장 강력한 무기, 즉 당신의 소득을 이제야 당신이 능동적으로 지휘하기 시작했다는 점에서 그렇다.

둘째, 빚 권하는 사회에서 필수로 여겨지는 빚에 대항하여 전면전을 선포했다는 점에서 그렇다.

모든 빚을 다 갚음으로써 돈을 제대로 관리하겠다는 당신의 의지는 더욱 강력해질 것이다.

이로써 정말 부자가 되는 길이 활짝 열리게 된다.

자, 이제 빚을 넘어 부자가 되는 등산로로 향해보자.

Big Lesson of Money

예산을 세워 돈에게 할 일을 명확하게 지시하라.

당신이 돈의 주인이고, 돈은 당신의 충직한 하인이다.

해야 할 일만 지시한다면,

돈은 군말 없이 당신을 따를 것이다.

그러나 주인인 당신이 한눈을 판다면,

돈은 완전히 길을 잃고 헤매다가 사라질 것이다.

돈에게 가야 할 곳을 명확히 지시하고,

치타에 쫓기는 절박한 가젤의 심정으로 돈을 통제하라.

죽을힘을 다해 빚 청산에 매진하고,

어떤 대가를 치르더라도 돈의 연금술사가 되겠다고 각오하라.

이는 아직 걸음마 단계에 불과하지만,

첫걸음을 얼마나 빠르게 떼었는가가

당신의 부를 좌우할 것이다.

가젤이 되어 최대한 빠르게 두 단계를 완수하라.

죽기 살기로 뛰어라!

8장

폭풍우에도 무너지지 않는
벽돌집을 마련하라

연금술 3 | 몇 개월은 끄떡없을 여유 비상자금 완성하기

조용히 눈을 감고 상상해보라. 절박한 가젤이 되어 달려온 당신에게는 주택을 제외하고는 그 어떤 빚도 없고, 생각지 못한 일이 생겨도 당황하지 않고 유연하게 대처할 수 있는 비상자금도 있다. 지금껏 앞만 보고 달려온 당신은 드디어 제대로 굴러가기 시작한 재무 상황에 희열을 느낄 것이다. '이제 다음엔 뭘 하면 되지?'라고 생각할 것이다. 숨을 고르고 잠시 멈춰 서서 생각해보라. 얼굴에 여유로운 미소를 띤 당신의 모습이 그려지는가?

이제 당신은 부를 쌓는 가장 강력한 도구인 '수입'을 훌륭하

게 지휘하는 법을 터득하기 시작했다. 지치기는커녕 얼른 당신의 강력한 무기를 활용해 더 큰 성과를 거두고 싶다는 생각에 안달이 나 있을 것이다.

기대하라. 두 번째 과정까지 성공적으로 수행했다면, 세 번째 연금술은 한결 쉽게 느껴질 테니.

머피의 법칙에서
완전히 탈출하는 법

첫 번째 과정에서 우리는 1000달러(약 100만 원)의 기초 비상자금을 마련했다. 그리고 세 번째 연금술은 이 비상자금에 살을 붙여 더 여유로운 자금을 만들어보는 것이다.

만약 매달 벌어들이는 수입이 갑자기 없어진다면 앞으로 3~6개월 동안 어떻게 살아가야 할까? 나뿐만 아니라 수많은 재무상담사가 조사하고 경험해본 결과, 평균적으로 2만 5000달러(약 2500만 원) 정도가 수중에 있어야 몇 개월은 각종 비상사태에 의연하게 대처할 수 있다. 한 달 수입이 3000달러(약 300만 원)인 일반적인 가정은 최소한의 여유 비상자금으로 1만 달러

(약 1000만 원)를 마련하면 된다. 주택 말고는 딱히 걱정해야 할 빚이 없고, 위급할 때면 언제든 사용할 수 있는 돈 1만 달러가 통장에 고이 잠들어 있다면 얼마나 마음이 편하겠는가?

첫 번째 과정에서 비상 상황에 대해 이야기할 때 "비가 올 수도 있으니 우산을 준비해야 한다"라고 한 말을 기억하는가? 경제 잡지《머니》의 보도를 인용해 "78%의 사람들이 10년 이내에 인생의 큰 시련을 겪는다"라고 언급했던 말도 잊지 마라. 당신의 인생도 평생 화창하리라는 보장이 없다. 실직하거나, 차가 고장 나거나, 수술을 받아야 하는 등 예상치 못한 큰일이 벌어질 때 또다시 신용카드에 의존하면 지금까지의 모든 노력이 물거품이 된다. 진정한 돈의 주인이 되기 위해서는 빚과 영원히 이별해야 하고, 이를 위해 언제든 당신을 든든하게 받쳐줄 여유 비상자금이 있어야 한다. 혹시 나의 비상자금 예찬이 조금 지겹더라도 이해해주길 바란다. 비상자금은 백번 강조해도 모자라지 않을 만큼 중요하기 때문이다.

경기가 안 좋을 때일수록 남의 돈을 빌려 써서는 안 된다. 이때 혹시라도 직장을 잃게 되면 빚의 수렁에 빠져 헤어 나오기 쉽지 않기 때문이다. 갤럽의 여론조사에 따르면 미국인의 56%가 긴급 상황이 발생하면 신용카드를 쓰겠다고 응답했다. 그들은 하나같이 이렇게 말했다.

"조금 경기가 안 좋더라도 어렵지 않게 신용카드로 돈을 빌릴 수 있을 거예요. 제게는 지금껏 쌓아온 신용이 있고, 은행은 제 신용을 믿으니까요!"

'어렵지 않을 것'이라는 데 전적으로 동의한다. 신용카드 발급이 너무나 간편하기 때문이다. 하지만 어렵지 않다고 해서 그것이 현명하다는 뜻은 아니다. 어차피 언젠가는 갚아야 할 돈인데다가 여기에 이자까지 더해진다. 게다가 불경기에는 새로운 직장을 구하기도 쉽지 않고, 직장을 구하지 못하면 카드 대금을 낼 수 없어 또다시 카드 빚이 쌓이게 된다. 또 다른 조사에 따르면 미국인의 49%가 수입이 끊겼을 때 '한 달'을 버틸 자금도 준비해놓지 않았다고 응답했다. 미국인 중 절반이 자신을 지켜줄 그 어떤 완충장치도 마련하지 않은 채 살아가고 있는 것이다.

머피는 바로 이런 사람들의 집 창문에 코를 대고 호시탐탐 쳐들어갈 기회만 엿보고 있다. 앞서 든든한 비상자금이 있으면 갑작스러운 문제들이 덜 일어나는 것 같다고 말한 걸 기억하는가? 비상자금이 머피를 쫓아내는 역할을 한다는 사실을 반드시 기억하길 바란다.

그렇다면 비상 상황의 기준은 무엇일까? 우선 언제 일어날지 정확히 예측할 수 없는 일, 그리고 지금 해결하지 않으면 당신과 당신 가정에 큰 파장을 가져올 수 있는 심각한 문제여야 한다. 갑자기 병에 걸려 입원을 해야 할 경우, 한겨울에 보일러가 고장 나서 수리를 해야 할 경우, 차가 없으면 일을 할 수 없는데 차를 고쳐야 할 경우, 자동차 사고 후 보험에서 보장되지 않는 본인부담금을 지불해야 할 경우, 혹은 실직 등이 바로 비상 상황이다. 백화점이나 마트 세일, 블랙프라이데이는 비상 상황이 아니다. 사업 자금이 필요한 경우, 멋진 휴양지로 여행 가야 하는 경우, 마음속에 담아두었던 소파를 구입하는 경우도 비상이 아니다.

대학 등록금이나 각종 경조사비도 마찬가지다. 충분히 예측할 수 있고, 따라서 예산을 세워 별도로 모아두어야 하는 항목이다. 미리 대비해 저축해야 하는 일들에 비상자금을 사용하려고 스스로를 합리화해서는 안 된다. 반면 비상자금이 충분한데도 갑작스러운 사고에 따른 의료비를 신용카드로 결제해 또다시 빚을 늘리는 우를 범해서도 안 된다. 어떤 일이 비상 상황인지에 대해 명확한 기준을 두어서 힘들게 마련한 비상자금이 적절한 상황에서 그 빛을 발하도록 도와줘야 한다.

단, 비상자금을 꺼내 써야 할 때는 잠시 한 발짝 뒤로 물러나 차분하게 생각하는 시간을 가지는 게 좋다. 아내와 나는 비상자금을 쓰기에 앞서 항상 함께 고민하고 의논한다. 이렇게 충분히 논의하는 과정을 거치면 이것이 억지로 합리화해서 비상자금을 이용하려고 하는 것인지, 아니면 정말 비상자금이 필요한 상황인지 쉽게 구분할 수 있다.

제1의 조건은
유동성이다

비상자금은 언제든 쉽게 현금화할 수 있어야 한다. 즉, 중도해지 수수료를 내지 않고도 현금으로 찾을 수 있도록 유동성을 갖춰야 한다는 말이다. 나는 장기 투자를 위해 뮤추얼펀드에 돈을 많이 넣어두지만, 비상자금은 절대로 펀드에 넣지 않는다. 만약 수익률이 좋지 않을 때 차가 고장 나기라도 하면 뮤추얼펀드에서 비상자금을 꺼내는 대신 신용카드로 수리하고 싶은 충동이 들 게 분명하기 때문이다. 수익률이 마이너스인데 펀드를 환매하면 손해를 확정짓게 된다는 생각에, 결국 또다시 빚을 질 수 있다는 말이다. 그리고 경기가 안 좋을 때는 펀드 수익률도 저조하기 마련이다. 그런데 비상 상황은 보통 언제 자주 발생하던가? 경기가 좋지 않을 때 갑작스러운 인력 감축이나 연봉 삭감이 일어나지 않던가? 그러니 다시 한번 강조하건대 비상자금은 언제든 꺼내 쓸 수 있는 유동성 자금 형태로 보관해야 한다.

나는 중도해지 수수료가 없는 '수시입출금식 예금'에 비상자금을 넣어두라고 권한다. 나 또한 여기에 비상자금을 보관하고 있다. 비상자금을 예치해둘 때는 금리를 바라보고 투자 개념으로 접근하는 것이 아니라, 필요할 때 자유롭게 꺼내 쓸 수 있는지만을 생각해야 한다.

이렇게까지 설명해도 사람들은 여전히 내게 "비상자금을 채권이나 기타 저위험 투자 상품에 넣어두는 방법이 있을까요?"라고 물어본다. 비상자금은 '예기치 않은 폭풍에 맞서 당신을 보호해주고 마음의 평화와 안정을 주기 위해' 존재하는 돈이다. 인생에 아무리 거센 풍랑이 일더라도 순조롭게 항해를 계속해나갈 수 있게 도와주고, 당신이 다시는 빚의 소용돌이에 휘말리지 않도록 든든하게 지켜주는 버팀목인 셈이다. 그러니 이 돈을 불릴 궁리는 하지 말고, 가장 안전하면서도 꺼내기 쉬운 방법으로 보관하라.

적절한 비상자금 금액

그렇다면 구체적으로 얼마만큼의 비상자금을 갖고 있는 것이 적당할까? 앞서 나는 당신이 당장 실직하더라도 3개월에서 6개월 정도 버틸 수 있는 액수여야 한다고 말했다. 이렇게 말하면 사람들은 다시 질문한다. "그래서 정확하게 3개월인가요, 6개월인가요?"

비상자금의 존재 목적을 다시 한번 생각해보면 당신에게 필요한 적정 금액을 책정할 수 있다. 비상자금의 목적은 '위험 부담을 줄이는 것'이므로, 당신이 가진 위험 요소가 클수록 보유해야 할 비상자금 역시 그만큼 커진다.

예컨대 자영업자나 프리랜서처럼 수입이 불분명한 직종에 종사한다면 위험 요소가 크므로 6개월 정도 버틸 비상자금이 필요하다. 외벌이 가정이나 싱글인 경우에도 한 사람이 직장을 잃게 되면 소득이 제로가 되므로 6개월치 비상자금을 마련해두길 추천한다. 그 밖에 직장에서 자신의 입지가 위태롭거나 가족 중에 병원 신세를 지고 있는 사람이 있는 경우에도 마찬가지다.

이 모든 위험 상황에 해당하지 않고, 대부분의 직원이 15년 이상 근속하는 '안정적이고 탄탄한' 직장에 근무하고 있거나 직업이 교사나 공무원이라면 3개월 정도 버틸 수 있는 비상자금이면 괜찮다.

이와 더불어 결혼을 한 경우라면 실직했을 때 배우자가 느낄 불안감을 감안해 비상자금을 마련해두어야 한다. 보통 남성과 여성이 느끼는 경제적 불안감에는 큰 차이가 있다. 애당초 비상자금은 현실적인 위기에 대처하고 마음에 안정을 느끼도록 도와주는 돈인 만큼, 배우자가 충분하다고 생각하는 수준에 맞춰 준비하는 것이 좋다고 본다.

다만 3개월에서 6개월간 '버틸' 비상자금을 모으는 것은 최소한의 생활비를 충당하기 위함이지, 평소 수입이 있을 때 쓰던 것만큼 생활하기 위한 돈이 아니다. 예를 들어 갑작스레 실직했는데 비상자금을 이용해 평상시 찜해두었던 새 가구를 산다거나 공격적인 투자를 계속해서는 안 된다(그런 사람은 없으리라 믿는다). 그렇다고 밥도 안 먹고 불도 안 켜고 살 수는 없는 노릇이다. 따라서 '최소한의 생계'를 유지할 수 있는 액수면 충분하다.

물론 지금 막 돈 관리를 시작한 사람이라면 매달 버는 족족 다 어딘가로 돈이 나가버리는 바람에 돈을 모으는 것 자체가 힘들 수 있다. 하지만 두 번째 연금술을 성공적으로 해낸 사람이라면 지금쯤 튼튼한 돈 관리 근육이 생겨 예산에 맞는 지출을 하고 있을 터이고, 갚아야 할 빚도 없을 터이니 기존의 수입보다 훨씬 적은 돈으로 생계를 유지할 수 있으리라 믿는다.

저축하라!
단, 빚을 모조리 갚은 후에

두 번째 연금술인 눈덩이 빚 갚기를 설명하면서 나는 은퇴자금을 제외하고 모든 저축과 투자 상품에 넣어두었던 돈을 빼서 일단은 빚부터 갚으라고 말했다. 그렇게 해서라도 주택담보대출을 제외한 모든 빚에서 벗어나야 한다.

여기까지 충실히 따라왔을 당신은 눈덩이 빚을 갚느라 이전에 저축해두었던 돈을 다 썼을 테고, 가장 기초적인 비상자금인 1000달러를 제외하고는 갖고 있던 돈도 대부분 다 써버렸을 것이다. 아마 텅텅 비어버린 통장을 보면 걱정부터 들겠지만, 빚을 다 갚을 때까지는 1000달러의 비상자금이면 충분하니 안심하길 바란다. 그리고 모든 빚으로부터 자유로워지고 나면 다시 여유 비상자금을 채우는 데 수입을 사용하면 된다.

나는 종종 쌈짓돈이 주는 마음의 위안을 포기하지 못해 빚에서 탈출하는 자유를 미뤄두고 있는 사람들을 본다. 어떤 사람은 은행에 2%의 이율로 6000달러(약 600만 원)를 비상자금으로 저축하고 있는데, 1만 1000달러(약 1100만 원)의 신용카드 빚을 지고 있었다. 이런 사람이 의외로 많다. 그는 6000달러 중 1000달러만 비상자금으로 남겨두고 나머지는 신용카드 빚을 갚는 데 쓰라는 내 조언을 이해하지 못했다. 6000달러의 비상자금이 자신을 안전하게 지켜주는 갑옷이라고 생각했기에, 그 돈을 쓰라는 말에 두려움을 느꼈다. '왜 빚을 갚는 데 5000달러나 써야 할까?'라는 의문이 생기는 것도, 알몸이 된 것 같은 두려움을 느끼는 것도 다 이해한다. 통장에 두둑이 쌓인 돈이 주는 심리적 안정감은 나 역시 잘 알고 있다.

하지만 모든 빚을 청산하고 경제적 자유를 얻겠다고 굳게 다짐했다면 쌈짓돈까지도 털어야 한다. 절박한 가젤의 집중력으로 예산을 짜고, 모래주머니와 같은 불필요한 차를 처분하는 등 가족 구성원 모두가 완전히 몰입하고 실천해야 비로소 저축한 돈을 어떻게 써야 하는지 이해할 수 있다.

셰리라는 여성은 자신과 남편의 연 소득이 4만 3000달러(약 4300만 원)이고 현재 1만 달러(약 1000만 원)의 비상자금을 갖고 있는데, 자동차 할부금이 아직 2만 1000달러(약 2100만 원)가 남아 있고 다른 빚도 꽤 있다고 했다. 그녀는 남편에게 우선 차를 팔자고 했지만 오히려 남편은 1만 달러의 비상자금을 털어 빚을 갚자고 제안했다고 한다. 그녀는 모든 비상자금을 털어 빚을 갚으라고 조언한 내게 잔뜩 화가 나 있는 상태였다. 셰리는 왜 그런 말도 안 되는 조언을 했느냐고 나를 원망했다. 물론 나는 '빚 덩이인 차는 남겨둬도 저축액은 남겨두지 말라'는 조언을 한 적이 없다. 오히려 그녀의 남편에게 왜 그런 엉뚱한 짓을 하느냐고 묻고 싶은 심정이다.

그녀의 남편은 돈을 제대로 관리하고 싶지만 자동차를 처분할 마음은 없었다. 7가지 돈의 연금술을 자신이 원하는 대로 해석해 입맛에 맞는 사항만 쏙쏙 골라서 따르겠다는 속셈이다. 그렇게 해서는 두 번째 연금술을 성공적으로 해내 모든 빚을 청산하기도 어려울 뿐더러, 결코 진정한 돈의 주인이 될 수 없다. 셰리 부부에게는 두 가지 문제가 있었다.

첫째, 그녀의 남편은 7가지 돈의 연금술에 진지하게 임하지 않았다. 연금술이 알려주는 모든 지령에 무조건 따르겠다고 마음먹지 않고서는 결코 빚에서 벗어날 수 없다.

둘째, 연 소득의 절반에 달하는 할부금이 남아 있는 자동차를 그대로 가지고 있으면 계속 빚에 허덕이느라 경제적 자유를 얻기는커녕 비상자금조차 제대로 모으지 못할 것이다.

나는 셰리 부부처럼 가족 중 어느 한 명이라도 7가지 돈의 연금술에 동의하지 않는 상황이라면 모아둔 돈을 털어서 빚을 갚지 말라고 조언한다. 이 경우 당신이 아닌 다른 가족이 또 어디

선가 빚을 질지 모르기 때문에 애당초 두 번째 연금술인 눈덩이 빚 갚기에 성공할 가능성이 매우 낮기 때문이다. 또한 '5년 안에만 갚아도 충분하지, 뭐'라며 안일하게 눈덩이 빚 갚기에 임할 생각이라면 이때도 섣불리 저축한 돈에 손을 대선 안 된다. 절박한 가젤의 집중력으로 이 과정들을 철저히 따른다면, 겨우 두 번째에 불과한 눈덩이 빚 갚기를 그렇게 오래 해야 할 필요가 없다. 온 가족이 18개월에서 20개월 사이에 어떤 일이 벌어지더라도 기초 비상자금 1000달러만으로 버티겠다는 각오를 하고 빚을 갚기로 뜻을 모았다면, 그때 비로소 9000달러를 꺼내어 빚을 갚아도 좋다.

이렇게 온 가족이 합심하여 빚을 갚기로 동의했는데도 마음이 놓이지 않아 불안함을 느끼는 사람들이 있다. 이때 필요한 게 '두려움'이다. 가젤이 세상에서 가장 빠른 치타의 공격을 이겨낼 수 있었던 데는 격심한 두려움과 살아야겠다는 절박함이 한몫하지 않았을까? 2~3년 정도는 당신의 인생에서 그리 긴 기간이 아니다. 이 기간 동안 두려움을 이용해 집중력을 유지하고, 가족이 합심해 빚 청산에 박차를 가해보자. 빚의 굴레에서 해방되고 넉넉한 비상자금을 쌓는 날을 한층 더 앞당길 수 있을 것이다.

다행히도 셰리의 남편은 나와 셰리의 전화 상담 내용을 듣고 깨달은 바가 있다고 말했다. 이들은 자동차를 팔고 저축해놓은 돈으로 빚을 갚아 18개월 만에 빚에서 완전히 해방됐고 여유 비상자금까지 모았다고 했다. 셰리는 메일을 통해 흐뭇한 일화를 전해왔다. 빚을 다 갚고 여유 비상자금을 채워가던 어느 날, 아들이 컴퓨터를 사달라고 부부를 졸랐다. 그녀가 채 안 된다는 말을 하기도 전에 남편이 장난스럽게 아들의 목을 감으며 "비상자금을 다 모으기 전까지는 안 돼!"라고 말해서 웃음을 터트렸다는 것이다. 남편 역시 비상자금 모으기에 집중하고 있다는 사실에 셰리는 매우 기뻤다고 했다. 이제 이 부부는 진정으로 합심해 7가지 돈의 연금술을 잘 수행하고 있다.

남편들이여,
아내의 말을 들어라

남자와 여자가 비상자금을 바라보는 태도는 크게 다르다. 일반적으로 여자들은 안전을 중시하는 반면, 남자들은 성과가 괜찮을 것 같으면 다소 위험을 감수하더라도 과감하게 투자하는 걸 좋아하는 편이다. 그래서 남자들은 '안전'이라는 명목으로 비상자금이 '놀고 있는' 것을 잘 이해하지 못한다. 반대로 여자들은 '혹시 모를 폭풍우를 대비해 1만 달러 정도의 비상자금은 있어야 한다'는 내 말에 깊게 공감한다. 실제로 내가 만난 많은 여성이 7가지 돈의 연금술 중 가장 도움이 되었던 단계로 '비상자금 모으기'와 '생명보험 가입하기'를 꼽았다.

　내가 진심으로 조언하건대, 남자들이여! 부디 아내의 말을 들어라. 신께서는 남자보다 여자에게 비상 상황에 대해 더 우월한 감지 능력을 주셨다. 여자들은 본능적으로 비상자금에 끌리게 되어 있다. 여자의 몸속 어딘가에는 '안전 분비선'이 있어서, 재정적인 스트레스가 생기면 분비선이 반응을 일으키는 게 틀림없다. 이 분비선의 반응은 남자가 예측할 수 없을 만큼 여자를 예민하게 만든다. 남자들이여, 투자 중 최고로 가치 있는 투자는 바로 비상자금 만들기다. 여유 비상자금을 열심히 모으고 돈 관리를 제대로 실천하는 남편의 태도는 아내의 안전 분비선을 안심시키므로, 당신의 삶은 훨씬 더 편안해질 것이다. 코미디언인 내 친구 제프 앨런은 '아내가 행복해야 삶이 행복하다'라는 주제로 코미디를 하고 책까지 냈다. 혹시 당신이 남자라면, 비상자금의 개념이 잘 이해되지 않더라도 그냥 비상자금을 열심히 모으고 보유하라.

앞에서 언급했듯이 아내와 나는 하루아침에 전 재산을 잃고 길거리에 나앉은 적이 있다. 따라서 내 아내가 비상자금에 얼마나 예민할지 굳이 설명하지 않아도 상상이 갈 것이다. 우리가 파산한 건 전적으로 내 잘못이었다. 내가 운영하던 부동산 사업이 망하면서 옆에서 지켜보던 아내까지 고통을 겪어야 했다. 재기에 성공한 후에도 아내는 그때의 기억을 잊지 못한다. 갓 태어난 아기와 막 걸음마를 뗀 아이를 양팔에 안고 아이들의 끼니를 어떻게 해결해야 할지 몰라 눈물 흘리던 아내는 지금도 그 나이 또래의 아이들을 보면 가슴 아파하곤 한다. 그래서 우리 부부는 이중, 삼중으로 비상자금을 갖고 있다. '비상자금을 위한 비상자금'까지 갖고 있는 것이다.

투자에 대해 많은 지식을 갖고 있는 나는 돈을 어떻게 굴려야 더 많은 수익을 낼 수 있는지 잘 알고 있다. 하지만 단순히 돈이 불어나는 것만이 '수익'일까? 파산 경험을 통해 나는 아내를 위해 두둑한 비상자금을 마련하는 일이야말로 투자 대비 수익이 가장 높은 '가치 투자'란 사실을 깨달았다. 남편들이여, 비상자금이 아내에게 최고의 선물이 될 수 있다는 것을 절대 잊지 말길 바란다.

벽돌집은
폭풍우에도 무너지지 않는다

수년간 예산을 짜서 그에 따라 소비하고 건강한 돈 관리가 습관이 되면 비상자금을 쓸 일이 점점 없어진다. 우리 부부는 15년간 비상자금에 손을 대본 적이 없다. 처음 돈을 관리하기 시작했을 때는 모든 일이 비상 상황처럼 느껴진다. 그러나 7가지 돈의 연금술이 효과를 내고 점차 가계 경제가 안정되기 시작하면 매달의 예산으로 해결할 수 없는 일이 좀처럼 벌어지지 않는다. 다음의 두 가지 사례를 비교해보면 내 말이 어떤 의미인지 이해할 수 있을 것이다.

23살의 싱글 여성 킴은 연 소득이 2만 7000달러(약 2700만 원)이고, 최근에서야 7가지 돈의 연금술을 실천하기 시작했다. 돈 관리를 하기 전에는 늘 신용카드 대금이 밀려 있었고, 예산을 짜는 습관도 없었으며, 소비를 자제할 줄 몰라서 월세도 제때 내지 못하기 일쑤였다. 수중에 현금도 없어서 자동차 보험료 역시 납입하지 못하고 있었다.

사태의 심각성을 깨닫고 처음으로 예산을 세웠는데, 이틀 후 갑작스럽게 차 사고가 났다. 다행히 경미한 사고여서 상대 차주에게 550달러(약 55만 원)만 보상해주면 됐지만, 그녀는 마치 그 10배의 금액이 나오기라도 한 듯 어쩔 줄 몰라 하며 눈물을 보였다. 아직 그녀는 첫 번째 법칙인 '비상자금 1000달러 만들기'를 완수하지 못한 상태였고, 신용카드가 아닌 현금으로 생활비를 쓰려고 노력하는 수준이었다. 그런데 돈 관리를 본격적으로 시작하기도 전에 장애물이 하나 더 생긴 것이다. 그녀에게는 이 일이 아주 큰 비상 상황이었다.

이번에는 비슷한 상황을 마주한 조지와 샐리 부부를 살펴보자. 이들 역시 7년 전까지는 킴과 별다를 바 없는 상황이었다. 아이가 태어났는데 돈은 없고, 급기야 조지의 직장은 위태로웠다. 하지만 이들은 7가지 돈의 연금술을 통해 경제적 자유를 얻는 데 성공했다. 현재 이들 부부에게는 빚이 전혀 없고, 8만 5000달러(약 8500만 원)짜리 집까지 보유하고 있다. 그리고 1만 2000달러(약 1200만 원)의 비상자금과 더불어 개인퇴직계좌에 은퇴자금이 있고, 아이들의 학자금까지 준비해놓았다. 이렇게 최선을 다하기 시작했더니 하는 일도 술술 풀렸다. 어느 새 1년에 7만 5000달러(약 7500만 원)라는 큰돈을 벌게 된 조지는 이제 더 이상 '아내와 맞벌이를 하면 좋을 텐데…'라는 생각은 하지 않는다.

그러던 어느 날 조지가 고속도로를 달리다가 차 사고를 냈고, 그는 킴의 경우와 마찬가지로 상대 차 운전자에게 550달러를 보상해야 하는 상황에 처했다. 킴이 550달러라는 보상금을 지출하고 복구하는 데 오랜 시간이 걸린 반면, 조지는 단순히 그 달의 예산을 조금 조정하는 것으로 문제를 해결할 수 있었다. 조지에게는 이 사고가 그저 '조금' 불편한 일이었기 때문에 보상금이 550달러라는 이야기에 눈도 깜빡하지 않았다.

킴은 자신에게만 연이어 나쁜 일이 일어난다며 머피를 원망했지만, 조지 부부는 머피의 존재조차 깨닫지 못했다. 즉, 킴에게는 세상이 무너지는 것처럼 느껴진 비상 상황이 조지에게는 대수롭지 않은 일이었던 것이다. 그 어떤 폭풍우가 몰아쳐도 무너지지 않게 견실한 벽돌집을 마련해놓은 덕분이었다.

돈 관리가 제대로 되기 시작하면 비상 상황에 대한 정의가 달라진다. 보험을 든든하게 잘 들어놓고 예산과 비상자금이 넉넉하면 '비상'이라고 느껴지는 상황 자체가 줄어든다. 예전에는 어찌해야 할지 몰라 큰 위기처럼 느껴지던 사건도 사소한 불편함 정도로 바뀐다. 빚에서 완전히 벗어나 투자까지 하게 되면 갑자기 차가 고장 난다 해도 몇 달 정도 투자를 멈추는 정도로도 차를 대대적으로 수리할 수 있을 만큼 여유로워진다.

앞서 나는 "비상자금이 머피를 쫓는다"라고 말했다. 사실 그 말은 반만 맞다. 비상자금이 있어도 머피가 찾아오긴 한다. 다만 넉넉한 비상자금이 있는 사람은 그게 머피인지 아닌지 쉽게 알아채지 못할 뿐이다. 내가 파산했을 시절, 보일러가 고장 나서 580달러(약 58만 원)의 수리비가 나온 적이 있다. 그때의 우리에게는 580달러가 감당하기 어려운 큰돈이었고, 우리는 '어떻게 이렇게 연속으로 나쁜 일이 우리에게 일어날 수 있느냐'며 머피를 원망하기 바빴다.

하지만 최근에 보일러 고장이 잦아져서 똑같은 금액의 새 보일러를 설치했는데, 현재의 우리 부부에게는 이 일이 머피라고 느껴지지 않았다. 이처럼 건강한 돈 관리를 시작하면 스트레스도 자연히 줄어든다. 어쩌면 7가지 돈의 연금술은 장수에도 도움이 되지 않을까?

상황에 따라
유연하게 대처하라

두 번째 연금술인 '눈덩이 빚 갚기'와 세 번째 연금술인 '여유 비상자금 완성하기'를 실천할 때는 상황에 따라 유연하게 대처할 필요가 있다. 내게 상담을 요청한 세 사람의 이야기를 각각 살펴보자.

조는 6개월 후 쌍둥이가 태어나기 때문에 현재 진행하고 있는 눈덩이 빚 갚기를 잠시 중단하고 비상자금을 더 모아야 하는 건 아닌지 물었다. 그런가 하면 브래드는 4개월 후 다니고 있는 공장이 문을 닫아 곧 직장을 잃을 예정이었고, 마이크는 인력 감축으로 회사를 그만두면서 지난주에 2만 5000달러(약 2500만 원)의 퇴직금을 받은 상황이었다. 이들은 계속 눈덩이 빚 갚기에 매진해야 할까, 아니면 비상자금을 더 모아야 할까?

위의 세 사람은 모두 한시적으로 빚 갚기를 잠시 중단하고 비상자금을 모을 필요가 있다. 멀리서 먹구름이 몰려오는 게 눈에 보이기 때문이다. 다가오는 폭풍우가 지나간 후 그때 다시 눈덩이 빚 갚기에 매진하면 된다.

우선 조의 경우는 쌍둥이가 건강히 태어나고 아내 역시 건강을 회복한 후에 다시 빚 갚기에 주력하면 된다. 브래드 역시 마찬가지로 새 직장을 찾고 나서 다시 빚 갚기 단계로 돌아가면 된다. 마이크는 새로 직장을 찾을 때까지 2만 5000달러의 퇴직금을 비상자금으로 보유하고 있어야 한다. 그가 빨리 새 직장을 찾을수록 그의 퇴직금은 빚을 줄이는 데 힘을 보탤 수 있을 것이다.

안정적인 직장에 다니며 수입이 보장된 사람들은 비상자금의 필요성을 잘 느끼지 못한다. 한 예로 리처드는 군에서 은퇴한 뒤 매달 2000달러(약 200만 원)의 연금을 받고 있다. 게다가 은퇴 후 새로 찾은 아르바이트 자리도 있으니 비상자금이 없어도 된다고 생각했다.

그러나 그는 머피가 동시다발적으로 찾아올 수 있다는 점까지는 예상하지 못했다. 갑자기 해고를 당하고, 엎친 데 덮친 격으로 얼마 지나지 않아 차 사고까지 난 것이다. 매달 2000달러가 들어오긴 했지만 이는 전부 생활비로 지출됐고, 차를 수리하기 위해 그는 빚을 질 수밖에 없었다.

이처럼 수입이 안정적이더라도 갑자기 아픈 가족을 도와야 할 일이 생길 수 있고, 한겨울에 보일러가 고장 날 수도 있으며, 차를 수리해야 할 수도 있다. 심지어 이 모든 일이 동시에 일어날 수도 있다. 그러니 예상치 못한 큰 지출을 대비하여 누구든 여유 비상자금을 만들어두어야 한다.

빚으로 산 집은
지푸라기에 불과하다

나는 지금껏 집을 제외하고는 모든 빚을 없애야 하고, 비상자금을 완성하기 위해 저축부터 해야 한다고 거듭 강조해왔다. 그렇다면 아직 집이 없는 사람은 어떻게 하는 게 좋을까? 집을 마련할 계약금은 언제 모아야 할까? 나는 가능하다면 집 장만도 100% 현금으로 하는 편이 좋다고 생각하지만, 15년 만기 고정금리로 주택담보대출을 받는 것에는 반대하지 않는다.

집은 꼭 필요하고 개인적으로도 부동산 투자에 큰 애착을 갖고 있지만 이번 연금술을 성공적으로 완수하기 전까지는, 즉 비상자금을 충분히 모으기 전까지는 무리하게 집을 장만하지 말길 권한다. 집을 가지면 느끼게 될 짜릿함이 얼마나 큰지 너무 잘 알고 있지만, 아직 빚이 남아 있고 비상자금도 준비가 안 되어 있는 상태에서 집을 사면 이는 머피를 아예 집 안으로 들이는 격이 된다. 나는 제대로 준비가 안 된 상황에서 성급히 집을 샀다가 궁지에 몰린 젊은 부부들을 수없이 봐왔다.

집을 사기 위한 종잣돈이나 계약금을 마련하기 위한 저축은 눈덩이 빚 갚기와 여유 비상자금 완성하기를 마치고 나서 시작해야 한다. 그래야 더 빠르고 수월하게 돈을 모을 수 있다. 만약 네 번째 연금술인 '노후자금 마련하기'를 하기 전에 하루라도 빨리 주택 구입을 위한 저축을 시작하고 싶다면, 세 번째 연금술을 수행하면서 병행해도 좋다.

많은 사람이 집 사는 일을 간절히 원하면서도 동시에 두려워한다. 하지만 분명히 말하건대 자기 집을 마련하는 일은 두려운 일이 아니라 즐겁고 행복한 일이어야 한다. 돈이 없는데 무리하게 집을 사려고 하니 두려운 것이다. 당신이 집을 사는 데 '힘을 보태겠다'라고 현혹하는 온갖 은행과 대출회사들의 홍보에 넘어가지 말고, 현실을 직시하자. 당신은 아직 준비가 안 됐고, 집을 살 때가 아니라는 현실 말이다.

* * *

세 번째 연금술까지 훌륭하게 완수하면 주택담보대출을 제외한 모든 빚이 사라지고, 통장에는 넉넉한 비상자금이 자리하게 된다. 절박한 가젤의 집중력을 발휘한다면 보통 24개월에서 30개월 정도면 이 단계에 오를 수 있다. 다시 한번 눈을 감고 상상해보자. 2년 반만 고생하면 야금야금 통장을 갉아먹던 대출이자가 완전히 자취를 감추고, 최소 1만 달러 이상의 비상자금이 언제든 당신을 위해 출동할 준비 태세를 갖추고 있다. 게다가 빚을 갚는 데 쓰였던 돈들은 고스란히 통장에 쌓이고, '어서 나를 투자에 쓰라고!' 하는 눈으로 당신을 바라볼 것이다. 생각만 해도 어깨에 힘이 들어가고 기분이 좋아지지 않는가?

그러나 자기가 하고 싶은 부분만 골라서 열심히 하고 나머지 부분은 얼렁뚱땅 흉내만 내서는 위와 같은 성공의 순간을 경험할 수 없다. 그간 재무 상담을 해오면서 그럴듯한 변명을 늘어놓으며 자기 입맛에 맞게 7가지 돈의 연금술을 실천한 사람을 수도 없이 봤다. 또한 자기의 상황은 남들과 다르다며 자신은 7가지 돈의 연금술을 약간 변형해 실천하는 편이 좋겠다고 합리화하는 사람도 봤다.

분명히 말하지만 내가 제안하는 이 방법은 수많은 사람을 통해 검증된 원칙이다.

그러니 당신이 예외일 것이라 착각하지 마라.

단지 첫걸음을 떼기가 어려울 뿐이다.

지금까지 기본적인 단계들을 거치며 탄탄한 토대를 쌓았다면, 이제부터는 본격적으로 자산을 모아야 한다. 이것이 우리가 7가지 돈의 연금술을 시작한 이유임을 잊지 마라. 우리의 목표는 단순히 빚에서 벗어나는 게 아니라, 풍요로운 자산을 쌓아 품위 있게 은퇴를 맞이하고, 자녀에게 유산을 남겨주되 내 인생도 충분히 즐기는 것이다. 이 즐거운 목표를 향해 여정을 계속하자.

9장

죽을 때까지 가슴 뛰는 삶을 꿈꾸고 준비하라

연금술 4 | 품격 있는 삶을 위한 노후자금 마련하기

내 친구 중 한 명은 40대의 나이인데도 여전히 보디빌더 수준의 몸을 자랑한다. 탄탄한 근육을 가졌지만 그렇다고 해서 운동에만 하루 종일 매달리지는 않는다. 그저 평소 먹는 것에 조금더 주의해 균형 잡힌 식사를 하고, 일주일에 두 번 정도 헬스장에 가서 가볍게 운동을 한다. 반면 또 다른 친구는 다이어트에 맹렬히 열을 올리고 있다. 그는 매일 조깅을 하는 데다가 일주일에 세 번씩 헬스장에 가는데도 여전히 심각한 과체중이다. 이친구는 다이어트를 시작한 지 몇 달밖에 되지 않았고, 이제 조금씩 군살을 줄여가며 기초 체력을 다져가는 중이기 때문에 첫 번째 친구보다 더 열심히 운동을 할 수밖에 없다. 물론 첫 번째 친구 역시 처음에는 하루 종일 헬스장에서 거의 살다시피 했다. 하지만 이제는 건강한 체격의 틀이 잡혀 있기 때문에 틈틈이 유지를 위한 운동만 해줘도 멋진 몸매를 유지할 수 있는 것이다.

돈 관리의 근육을 만드는 과정도 이와 마찬가지다. 치타에게 쫓기는 가젤처럼 사력을 다해 노력해야 하는 초기 과정을 성공적으로 완수하고 나면, 이후에는 적당히 관리만 잘해줘도 재산을 쉽게 유지할 수 있다. 그렇다고 해서 방심한 채 예전의 생활 습관으로 돌아갔다가는 모든 게 흐트러지고 만다. 앞서 말한 첫 번째 친구는 멋진 몸을 가졌지만 지금까지도 방심하지 않는다. 한 번에 세 접시씩 폭식하지도 않고, 기름진 음식은 여전히 피한다. 그는 충동에 휩쓸리면 언제고 몸과 마음을 망칠 수 있다는 사실을 잘 알고 있다. 게다가 예전보다 훨씬 덜 노력해도 몸과 마음을 건강하게 유지할 수 있으니 쉽게 충동에 휩쓸리지도 않는다.

지금까지 당신은 절박한 집중력을 통해 50킬로그램의 지방에 해당하는 빚을 없앴고, 빚 청산에 사용하던 돈으로 비상자금을 만들었으며, 심장을 강화해주는 여유 비상자금을 모았다. 이렇게 쌓은 기초 체력이 탄탄한 근육을 쌓고 건강을 유지하는 데 도움을 줄 것이다. 따라서 균형 있게 관리하고 과소비만 자제해도 가계 경제는 안정적으로 유지된다.

그렇다면 그다음은 어떻게 해야 할까? 그동안 사고 싶었지만 꾹 참아왔던 물건을 사러 백화점으로 달려가야 할까? "맞아요!" 라고 대답하는 사람은 없으리라 믿는다. 지금까지 잘해왔으니 모든 과정을 다 수행할 때까지 계속 앞으로 나아가야 한다. 우리는 이제 게임의 후반전에 막 들어섰다. 이 연금술을 배우기 시작한 이유는 '부를 쌓기 위해서'라는 사실을 다시금 마음속에 새기고, 이제는 올바른 투자를 통해 부에 한 발짝 더 가까이 다가갈 시간이다.

품위 있게
나이 들고 싶다면

네 번째 연금술을 배우기에 앞서 '노후자금'의 진정한 의미부터 짚고 넘어갈 필요가 있다. '젊을 때 바짝 벌어서 이 지긋지긋한 직장을 어서 때려치워야지!'라고 생각하는 사람들은 노후자금을 '직장을 그만두기 위해 모아놓는 돈'으로 여긴다. 그러나 노후자금은 퇴직 후에 안정적으로 노후를 즐기기 위한 '품위 유지비'이지 '현실도피용 자금'이 아니다. 지금 다니는 직장이나 일이 싫다면 당신의 재능을 살릴 수 있고 열정을 불러일으키는 일을 찾아야지, 은퇴를 선택해서는 안 된다.

교회 건축가인 해럴드 피셔는 100살이 넘었지만 여전히 그가 설립한 회사에 나가 일을 한다. 결코 돈이 아쉬워서가 아니다. 그에게는 일 자체가 삶의 의미를 잃지 않도록 도와주는 역할을 하기 때문이다. 그가 가장 즐겨 하는 말이 "일찍 은퇴해봤자 일찍 죽는 수밖에 더 있어요?"일 정도다. 피셔는 일을 그만두고 쉬라는 사람들의 권유에도 "나는 내 일이 가장 즐거워. 그런데 일을 하지 말고 뭘 하라는 거야?"라고 답하곤 한다. 원한다면 무엇이든 할 수 있는 경제적 여유를 갖고 있지만, 그는 일을 계속하고 있는 것이다. 이는 누구보다 품위 있게 노후를 즐기는 방법이다. 그리고 바로 피셔의 모습이 7가지 돈의 연금술이 정의하는 '은퇴의 모습'이다. 즉, 노후자금이란 품위 있는 생활을 유지하면서 동시에 자신이 원하는 일을 하며 살 수 있는 '선택의 자유'를 보장해주는 돈이다.

이렇게 피셔처럼 충분한 노후자금을 갖추고 은퇴한 후에 책을 쓰든, 집을 설계하든, 손자들과 시간을 보내든 당신이 하고 싶은 일을 자유롭게 선택하라.

그러려면 당신의 돈이 훌륭한 하인이 되어 당신보다 더 열심히 일하도록 만들어야 한다.

진정한 돈의 주인은 원하는 삶을 살며 여생을 마칠 수 있도록 노후자금을 모은다. 만약 지금 하고 있는 일이 끔찍이도 싫고, 어느 정도 여유 비상자금도 모아두었다면 당장 회사를 그만두고 당신의 가슴을 뛰게 만드는 일을 찾아보길 권한다. 아직 그렇게까지 할 만한 여유가 없다면 3~5년 정도 계획을 세워 자신의 재능을 어떻게 활용할지 구상해보는 방법도 좋다. 65살쯤 되어 머리가 희끗희끗해질 때까지 아무런 보람이나 즐거움도 주지 않는 일을 하면서 살지 말길 바란다.

백발이 될 때까지 하기 싫은 일을 계속해야 한다면 얼마나 끔찍할까? 그래서 돈은 정말 중요하다. 경제적으로 여유롭고 행복한 노후를 맞이하고 싶다면 '계획'이 필요하다.

미국근로자복지연구원의 조사에 따르면, 70%의 미국인이 필요한 수준의 노후자금을 모으지 못했고, 40%의 미국인이 얼마가 있어야 품위 있는 노후를 보낼 수 있는지 계산해본 적도 없다고 답했다. 즉, 많은 사람이 품위 있는 노후 생활을 위해 아무것도 안 하고 있을 뿐 아니라, 그것이 가능하다는 희망조차 품지 않고 있다는 것이다. 미국소비자협회에 따르면 연 소득이 3만 5000달러(약 3500만 원) 미만인 사람들 중 40%가 은퇴 후 50만 달러(약 5억 원)를 가지고 있을 방법은 "로또 당첨이 유일하다"라고 답했다고 한다. 이럴 수가! 돈의 연금술이 절실하게 필요한 사람이 이렇게나 많다.

노후에 대한 현실을 직시하지 못하는 시각은 미국의 경제 잡지 《웰스빌더》의 보도를 통해서도 확인할 수 있다. 이 보도에 따르면, 앞의 설문 결과와는 모순되게도 80%의 미국인이 "은퇴 시점에 자신의 삶의 질이 더 좋아질 것이라 생각한다"라고 답했다고 한다. CNN의 조사에 따르면 미국의 근로자 중 56%가 노후자금으로 2만 5000달러(약 2500만 원)밖에 가지고 있지 않다고 답했는데도 말이다. 환상 속에 빠져 사는 사람들이 너무 많다.

안타깝게도 현실은 당신이 상상하는 것보다 훨씬 냉혹하다. 일간지 《USA투데이》의 조사에 따르면 65세 이상의 연령층 100명 중 97명이 한 달에 600달러(약 60만 원) 이상 지출할 경제적 여유가 없다고 답했고, 54명은 여전히 일하고 있으며, 단 3명만이 경제적인 자유를 누리고 있다고 답했다. 지난 10년간 65세 이상 연령층의 개인 파산도 244%나 증가했다.

　당신도 언젠가는 반드시 노후를 맞이한다.
　자신이 원하는 삶을 선택하고 품위 있는 노후를 보내고 싶다면 지금부터라도 당장 노후자금을 마련해야 한다.
　장기적인 안목으로 투자해야 하는 노후자금이기에 신중하게 몇 년간은 고심한 후에야 투자를 시작해야 한다고 생각한다면 오산이다.
　노후 대비는 지금 당장 시작해야 할 최우선 과제다.

　당장 이번 달부터 뮤추얼펀드에 가입해 돈을 투자하라. 지금껏 언급한 통계를 볼 때 은퇴 후에 대한 현실 부정이 얼마나 심각한 수준임을 잘 알 수 있다. 이들처럼 당신도 은퇴 후의 생활에 대해 달콤한 환상에 빠져 있을 가능성이 매우 높다. 지금 당장 꿈에서 깨어나라.

15%의 작은 돈이
만드는 커다란 여유

노후자금에 대해 관심이 많았던 사람이라면 지금쯤 아마 두 눈이 초롱초롱해졌을 것이라 믿는다. 반면에 막연히 '은퇴할 때가 되면 지금보단 사정이 낫겠지'라고 생각하며 현실 부정을 하던 사람이라면 아직도 내 말이 자신의 이야기가 아니라고 생각하며 방심하고 있을지 모른다. 네 번째 연금술인 노후자금 마련하기는 삶의 질을 높이기 위해 더 적극적인 투자를 도모하는 과정이며, 부를 쌓기 위해 고도로 집중해야 하는 시점이다.

지금까지 잘 따라온 사람이라면 당신에게는 주택담보대출 외에 갚아야 할 빚이 없고, 3개월에서 6개월은 거뜬히 버틸 여유비상자금도 모아두었을 것이다. 집 말고는 나가야 할 돈이 없으니 목돈을 투자할 여력도 있으리라 믿는다. 소득이 평균 이하수준이라고 해도 충분히 가능하다. 이제 슬슬 몸을 풀고 부에 가속을 붙이기 위해 본격적으로 투자를 시작해보자.

나는 수많은 사람에게 노후자금 마련을 도와주면서 '15% 법칙'을 개발하고 그 힘을 확인할 수 있었다. 이 법칙은 간단하다. 노후자금을 마련하기 위해 매년 '세전 소득의 15%'를 투자하는 것이다. 자신은 15% 이상도 거뜬히 투자할 수 있다고 자신하는 사람들도 우선은 이 법칙대로 실천하라고 조언한다. 너무 많은 돈을 노후 대비에 썼다가는 다음 과정인 자녀의 학자금 저축과 주택담보대출 조기 상환에 무리를 겪을 수도 있기 때문이다.

그렇다면 15%보다 적으면 안 되는 이유는 또 무엇일까? 누군가는 자녀의 학자금 저축이나 주택담보대출을 갚는 데 더 돈을 투자하고 싶다고 말하기도 한다. 하지만 자녀의 대학 졸업장은 당신의 노후를 책임져주지 않으며, 당신 명의의 집이 있다고 해서 저절로 밥이 생겨나는 것도 아니다. 나는 주택담보대출을 모두 갚아 온전히 자기 소유의 집을 갖고 있는데도 돈이 없어 빠듯한 생활을 하는 이른바 '하우스푸어'를 많이 봤다. 그들은 결국 생활비를 마련하기 위해 애지중지하던 집을 팔거나, 다시 주택담보대출을 받아야 했다. 그러니 자녀의 학자금 마련과 주택담보대출 상환을 하기에 앞서 네 번째 연금술부터 탄탄하게 수행해야 한다. 여기에 준비가 빠르면 빠를수록 마법의 복리 효과를 누릴 수 있다.

소득의 15%를 계산할 때는 퇴직연금에 대해 회사가 부담하는 부분은 포함시키지 말아야 한다. 순전히 당신의 세후 연봉 중 15%를 투자하라. 회사가 부담하는 부분은 투자 중 뜻밖에 얻은 '덤'이라고 생각하면 된다. 물론 15%의 원칙은 내가 경험을 통해 산출한 평균치인 만큼 12%, 혹은 17%로 자신의 상황에 맞게 차등을 두어도 좋지만 15%에서 너무 크게 벗어나선 안 된다. 투자액이 너무 적으면 은퇴 후에 제대로 된 외식 한번 못하고 집에서 컵라면만 먹는 신세가 될 수도 있고, 너무 많이 투자하면 주택담보대출 상황이 그만큼 늦어져 부를 쌓을 수 있는 힘이 약화될 수도 있다.

노후에 받게 될 국민연금도 15%에 포함시켜선 안 된다. 나라면 자기 앞가림도 제대로 못하는 정부에 내 품위 있는 노후를 맡기지 않을 것이다. 최근 한 조사에서는 30세 이하 청년들이 국민연금을 받게 되는 것보다 차라리 UFO의 존재를 더 신뢰하겠다는 우스꽝스러운 결과가 나오기도 했다. 나 역시 이들의 생각에 전적으로 동의한다. 특별한 정치적 입장 때문이 아니며, 국민연금의 시스템을 수학적으로 분석했을 때 매우 타당한 예측이기 때문이다. 괜한 기우로 사람들을 불안하게 만들려는 의도는 전혀 없다. 다만 이미 수많은 전문가가 국민연금의 구조적인 문제와 한계에 대해 진단한 바가 있다. 따라서 정부가 당신의 안정된 노후를 보장해줄 것이란 생각은 일찌감치 접고 스스로 노후자금을 마련하는 편을 강력히 추천한다.

부동산이나 금보다
더 확실한 투자처

네 번째 연금술은 본격적으로 투자에 돌입하는 과정이니 '뮤추얼펀드'에 대해 알아둘 필요가 있다. 역사적으로 주식 시장에서 뮤추얼펀드의 평균 투자 수익률은 약 12%였다. 그래서 나는 성장주 뮤추얼펀드에 장기적으로 투자할 것을 추천한다. 성장주 뮤추얼펀드는 등락이 심하므로 단기 투자법으로는 적절하지 않지만, 5년 이상 장기적으로 투자하면 꽤 좋은 결과를 맛볼 수 있다. 투자 리서치 기업 이보슨어소시에이츠의 연구에 따르면, 성장주 뮤추얼펀드에 15년 이상 투자하면 100%의 투자자가 반드시 수익을 거두게 된다고 한다. 나 역시 우리 부부의 노후자금과 아이들의 학자금을 뮤추얼펀드에 투자하고 있다.

간단하게 내가 투자하는 방법을 소개하면 다음과 같다. 우선 나는 적어도 5년 이상 좋은 실적을 낸 뮤추얼펀드를 선택한다. 1년에서 3년 정도 좋은 실적을 보였다고 해도 5년 이상 실적이 충분히 검증되지 않았다면 과감히 그 펀드는 제외하는 것이 내 원칙이다. 그렇게 선택한 펀드를 네 가지로 분류해 골고루 분산 투자한다. 대형주 펀드(우량주 펀드)에 25%, 성장주 펀드(중형주 또는 S&P 인덱스 펀드)에 25%를 투자한다. 그리고 해외투자 펀드에 25%, 공격적 성장형 펀드(소형주 또는 신흥시장펀드)에 25%를 투자한다. 이 책은 주식 투자의 구체적인 방법을 소개하는 책은 아니므로 더 자세한 내용을 알고 싶다면 주식 전문서적을 찾아보길 권한다.

또한 노후자금을 마련하기 위해 투자할 때 회사에서 보조해주거나 정부에서 주는 세제 혜택을 최대한 이용하는 영리함도 필요하다. 로스IRARoth IRA(미국 개인퇴직계좌의 한 종류-옮긴이 주)는 한 명당 1년에 최대 5000달러(약 500만 원)까지 적립이 가능하다. 이 계좌에 적립하는 금액은 비과세라는 큰 이점이 있다. 나중에 찾을 때 그 수익에 대해서는 세금을 하나도 안 내도 된다는 이야기다. 예컨대 연간 3000달러(약 300만 원)를 35세부터 65세까지 평균 12% 수익률의 뮤추얼펀드에 넣어 운용하면, 복리에 따라 수익이 붙어 불어난 금액은 87만 3000달러(약 8억 7300만 원)가 된다. 그런데 이 돈에 대해 전혀 세금이 붙지 않는다는 것이다. 30년간 3000달러를 적립했다면 원금은 9만 달러(약 9000만 원)이지만, 총액 87만 3000달러 중 본인이 적립한 원금을 제외하고는 모두 뮤추얼펀드 운용에 따른 이자이며, 이에 대한 세금은 붙지 않는다. 따라서 로스IRA는 돈 관리에 있어

매우 중요한 수단이다(한국의 경우는 기존의 개인퇴직계좌(IRA)가 개인형 퇴직연금(IRP)로 대체되어 2012년 도입되었다. 개인퇴직계좌와 달리 퇴직하지 않아도 누구나 개설할 수 있고 한도 내에서 세액 공제를 받을 수 있다. IRP는 연금저축과 합산해 700만 원을 한도로 가입자에게 세제 혜택을 주고 있다. IRP만으로는 700만 원, 또는 연금저축이 있는 경우 합산해 700만 원까지 16.5%의 세액 공제(총 급여 5500만 원 이하 또는 종합소득금액 4000만 원 이하인 경우에 한해)를 받을 수 있다. 총 급여가 그 이상이면 13.2%의 세액 공제율이 적용된다.-옮긴이 주).

투자 수익에 대한 오해

안타깝게도 '투자 수익'에 관해 무지한 사람이 꽤 많다. 장기 투자를 통해서는 12%의 수익률을 내는 것이 불가능하다고 생각하는 것이다. 만약 당신도 그렇게 생각한다면, 지금까지 내가 수익률 12%의 뮤추얼펀드에 투자하라는 이야기를 했을 때마다 나를 비웃었을지도 모르겠다. 하지만 나는 경제적으로 성공을 거둔 사람으로서, 좋은 성장주 뮤추얼펀드에 장기 투자하면 12%의 수익률을 달성할 수 있을 것이라 장담한다. 이토록 자신하는 이유는 'S&P 500 지수' 때문이다. S&P 500 지수는 미국의 500개 주요 기업 주가를 기준으로 하는 미국 증권시장의 대표 지수다. 몇 번의 심각한 경기 침체가 있었는데도 S&P 500 지수는 지난 80년 동안 연평균 11.69%의 수익률을 보였다.

물론 매년 일률적으로 12%가 상승하는 것은 아니다. 시장은 매번 등락을 반복한다. 예를 들어 2009년 시장의 연평균 수익률은 26.46%였지만 2010년에는 8%에 불과했고, 2011년에는 심지어 -1.12%를 기록하기도 했다. 하지만 진정한 장기 투자자들은 단 몇 년 사이의 등락에 연연하지 않는다. 그들은 장기적으로 시장을 바라보며, 어떤 해는 오르고 또 어떤 해는 내린다는 것을 안다.

S&P 500 지수는 주식 시장의 수익을 통계적으로 가장 잘 보여주고, 따라서 거의 모든 주식형 펀드가 S&P 500 지수를 기준으로 수익률을 비교해 보여준다. S&P 500 지수가 이제껏 내온 연평균 수익률은 12%에 조금 못 미치고, 이런 이유로 나는 이 지수의 수익률을 인용해 내 주장을 뒷받침하곤 한다. 12%라는 수익률이 '절대적인 기준'은 아니지만, 내가 오래전부터 보유해온 그로스앤인컴 주식형 뮤추얼펀드가 1934년부터 기록해온 연평균 수익률은 12.03%다. 지난주에 매수한 다른 펀드도 1973년부터의 연평균 수익률이 13.9%고, 또 다른 펀드도 1984년부터의 연평균 수익률이 12.39%다. 1973년부터 연평균 수익률이 12.39%인 펀드와 1952년부터 연평균 수익률이

11.72%인 펀드도 보유하고 있다. 스승의 마음을 가진 괜찮은 주식 중개인이라면 당신에게 12% 이상의 수익을 장기적으로 보이고 있는 펀드를 권유할 것이다. 10년 이상의 장기 투자를 고려하고 있는 당신에게 12%의 수익률이란 애초에 불가능하다고 말하는 사람들은 믿지 않아도 된다.

인생에
늦은 때란 없다

그렇다면 은퇴 이후에 원하는 것을 자유롭게 하면서 노후를 즐기려면 어느 정도의 돈이 필요할까? 그리고 그만큼의 자금을 모으려면 시간이 얼마나 걸릴까? 대략적으로 매년 투자금의 8% 수익으로 노후를 보낼 수 있으면, 여유롭게 생활할 수 있고 자녀들에게 넉넉한 유산까지 남겨줄 수 있다. 당신의 노후자금이 12%의 수익을 낸다고 가정할 때 4%의 물가상승률을 감안하면 실질적인 수익률은 8%가 나온다. 향후에도 물가가 계속 상승할 것을 감안해 수익의 4% 정도는 현금화하지 않고 펀드에 투자 원금으로 남겨둔다면 종잣돈도 매해 4%씩 불어나게 된다. 종잣돈의 이자가 생활비가 되는 것이다. 구체적으로 예를 들자면 '1년에 4만 달러(약 4000만 원) 정도는 쓰고 살아야 품위 있는 노후를 보낼 수 있겠다'고 생각하는 사람이라면 50만 달러(약 5억 원)의 종잣돈을 만들면 된다. 그러면 물가가 상승해도 충분히 여유로운 생활을 할 수 있다. 나는 개인적으로 될 수 있으면 노후자금을 최대한 많이 모으길 권한다. 경제적으로 여유가 있어야 주변을 돌아볼 여유도 생기고, 더불어 사는 삶을 실천하면서 의미 있게 여생을 살아갈 수 있기 때문이다.

이것저것 고정적으로 나가야 하는 돈을 계산하고 나면 수입의 15%를 저축하는 일이 생각처럼 쉽게 느껴지지 않을 것이다. 하지만 당신은 네 번째 연금술을 이제 막 완수했을 뿐이니, 좀 더 기운을 내라! 이후에 소개될 나머지 연금술까지 배우고 나면 당신도 충분히 투자에 가속도를 붙일 수 있다.

눈을 감고 상상해보자. 평균적인 수준의 소득을 버는 27살의 젊은 부부가 돈의 주인이 되기로 결심했다. 이들은 절박한 가젤의 집중력을 발휘해 7가지 돈의 연금술을 시작한 지 3년 만인 30살에 네 번째 법칙에 진입했다. 이후 5년에서 10년간 좋은 실적을 보였던 성장주 뮤추얼펀드를 선별해 매달 수입의 15%

를 투자했다. 인구조사국에 따르면 미국 가정의 평균 연 소득은 5만 달러(약 5000만 원) 정도다. 따라서 이 부부는 매년 5만 달러의 15%인 7500달러(약 750만 원), 즉 매달 625달러(약 63만 원)를 노후자금으로 투자했다. 만약 당신의 연 소득도 5만 달러이고, 집 외에는 갚아야 할 부채가 없으며, 예산에 맞춰 생활하고 있다면 매달 625달러를 투자할 수 있겠는가? 이 부부가 매달 625달러를 30살부터 70살까지 투자한다면, 이 돈은 759만 달러(약 75억 9000만 원)가 된다. 거의 800만 달러(약 80억 원)에 가까운 놀라운 금액이다. 수익률이 형편없어서 이 절반의 금액만 손에 쥔다 해도 400만 달러(약 40억 원)가 생기는 것이다. 65세 100명 중 97명이 매달 생활비로 600달러(약 60만 원)를 쓰는 것도 허덕인다는 상황을 감안해보면 아주 황홀한 미래다.

여기서 알아야 할 또 하나의 사실은, 지금까지의 계산이 부부의 연 소득을 고정 값으로 둔 결과란 점이다. 즉, 70살이 될 때까지 매년 5만 달러를 벌 것이란 가정하에 나온 금액이다. 실제로 부부의 소득은 해가 갈수록 증가할 것이 분명하다. 그렇다면 소득 대비 매달 저축할 수 있는 돈도 늘어날 것이다. 품위 있게 은퇴할 수 있는 사회적, 경제적 조건이 갖춰져 있지 않다고 투덜대는 사람들에게 일침을 가하는 예가 아닐 수 없다. 앞에서도 이야기했지만 대부분의 사람이 평생 동안 일을 하면 200만 달러(약 20억 원)는 벌 수 있다. 이 돈이 밑바닥으로 새어나가도록 방치할 것인가? 아니면 지금 당장 투자 계획을 세울 것인가?

어느 날 게일이라는 여성이 나를 찾아와 노후자금을 저축하기에 자신이 너무 늦은 나이가 아닌지 물어왔다. 게일은 57살이었지만 마치 100살은 훌쩍 넘긴 노인처럼 보였다. 그녀는 삶에서 일어난 몇 가지 큰 비극으로 인해 생기를 잃은 상태였다. 7가지 돈의 연금술이 기적의 마술쇼는 아니므로 갑자기 그녀에게 백만 달러대의 노후자금을 덥석 쥐어줄 수는 없다. 그렇지만 나이에 상관없이 상황에 맞게 돈의 연금술을 배우고 실천해나가면 그녀 역시 노후자금을 마련할 수 있다. 7가지 돈의 연금술은 반드시 첫 번째 과정부터 차근차근 진행되어야 한다. 27살에 시작했든 57살에 시작했든 누구나 똑같다. 57살인 게일은 60살이 될 무렵 노후자금을 위한 투자를 겨우 시작하게 될지도 모르겠다. 그래도 자동차 할부금과 신용카드 빚을 안고 비상자금도 없이 은퇴하는 것보단 낫지 않겠는가? 빚을 모두 청산해야만 비로소 저축을 시작할 수 있다. 시간을 되돌릴 수는 없는 노릇이다. 후회하고 있을 시간이 없다. 지금부터라도 첫 번째 연금술부터 한 단계씩 바삐 밟아나가야 할 것이다.

돈 모으기를 포함해 무슨 일이든 시작하기에 늦은 때란 없다. 조지 번스는 80살에 처음으로 아카데미 남우조연상을 받았고, 골다 메이어는 61살에 이스라엘 총리에 올랐다. 미켈란젤로는 66살에 시스티나 성당 천장에 벽화를 그렸고, 커넬 샌더스는 65살까지 한 번도 치킨을 튀겨본 적이 없었지만 KFC를 창업해 전 세계적인 패스트푸드 전문점을 만들었다. 현재의 위치에서 할 수 있는 최선을 다해야 적어도 내일 후회하지 않을 수 있다. 50대의 사람은 40살의 사람에게 이런 말을 해줄 것이다.

"50살이 되기 전에 투자하세요. 40살은 젊은 나이라고요!"

네 번째 연금술인 노후자금 마련하기는 단기간에 일확천금을 벌어주지 않는다. 그 대신 장기간 꾸준히 투자하는 습관을 통해 탄탄한 부를 일구도록 올바른 길로 인도해준다. 투자가 아닌 수단으로 더 쉽게 부자가 될 수 있다고 생각해 계속 투자를 미룬다면, 65살이 되어서도 생계를 위해 어쩔 수 없이 일을 해야 하는 54명에 속하게 될 것이다. 체계적이고 일관된 투자는 『토끼와 거북이』라는 동화를 떠올리게 한다. 거북이는 느리지만 쉼없이 노력해 재빠른 토끼를 이겼다. 이와 마찬가지로 처음에는 미미했던 복리 효과도 꾸준히 하다 보면 나중에는 폭발적인 힘을 발휘한다. 미국의 스포츠 전문 코치 티모시 갤웨이의 비유는 이런 놀라운 효과를 잘 보여준다.

"처음 땅에 장미 씨앗을 심을 때는 아직 작고 보잘것없는 씨앗이란 이유로 '뿌리도 없고 줄기도 없다'며 씨앗을 우습게 보지 않는다. 또 씨앗이 싹을 틔워 땅 위로 솟아났을 때도 우리는 갓 나온 장미 싹을 보고 '왜 이렇게 작냐며' 나무라지 않는다. 그저 장미가 자라나는 모든 과정을 놀라워하며 지켜보고, 각 성장 단계에 필요한 영양분을 주며 소중히 가꾼다. 씨앗으로 생명을 머금고 있을 때부터 화려하게 만개했다가 시드는 순간까지 장미는 장미다. 매 순간 겉으로 드러나는 모습은 다를지언정 처음부터 마지막 순간까지 장미로서의 생명력과 잠재력을 갖고 있는 것이다. 매 순간 변화하지만 성장의 각 단계에서 장미는 한순간도 완벽하지 않은 적이 없다. 성장의 각 단계마다 장미는 그 모습 그대로 존재 가치가 있다."

7가지 돈의 연금술을 수행해나가는 우리의 모습도 장미와 같다. 각 과정마다 당신은 지금의 과정에 꼭 맞는 적절한 방식으로 당신의 잠재력을 100% 발휘하고 있는 것이다. 그러니 조마조마할 필요 없다. 그저 절박한 집중력으로 연금술을 차근차근 실천해나가기만 하면 머지않아 당신의 가계 경제도 화려한 꽃을 피울 수 있을 것이다.

* * *

이 과정까지 마친 당신은 분명 모든 것이 제대로 굴러가고 있
다는 확신을 느낄 것이다. 그리고 지금쯤이면 환한 미소를 지으
며 통장을 바라보고 있을 것이다. 모든 것을 잃었던 우리 부부
도 이 단계까지 왔을 때에야 비로소 자신감을 되찾기 시작했다.

당신도 돈과 싸워 이길 수 있다.
돈의 노예가 아니라 돈의 주인이 되어 돈을 휘어잡을 것이다.
만약 지금의 그 자신감을 더 생생히 느끼고 싶다면 "나는 반
드시 이긴다! 나는 반드시 해낸다!"라는 말을 적어 당신이 매일
볼 수 있는 곳에 붙여두라.

당신의 삶은 빠르게 변하고 있다. 꽤나 즐겁지 않은가? 이제
이 짜릿한 성취감과 자신감을 자양분 삼아 다섯 번째 연금술을
배우러 넘어가보자.

Big Lesson of Money

가파른 경사를 오르느라

숨이 턱턱 막히고 고통스러운가?

그것은 이제 당신이 정상에 가까워졌다는 뜻이다.

우리는 이제 게임의 후반전에 들어섰다.

이토록 노력한 이유는

단지 빚 청산을 위해서가 아니다.

부를 쌓고, 진정한 돈의 주인이 되어 군림하기 위해서다.

오래 노력한 만큼 잠시 꿀 같은 휴식을

취하고 싶을 수도 있을 것이다.

그러나 아직은 쉴 때가 아니다.

죽을 때까지 가슴 뛰는 삶을 위해

조금 더 이를 악물자.

품격 있는 노후가 당신을 기다리고 있을 것이다.

그리고 스스로를 토닥여주어라.

지금까지 포기하지 않고 달려온

당신은 이미 훌륭한 예비 연금술사다.

10장

자녀 앞에
당당하게 우뚝 서라

연금술 5 | 당당한 부모를 만드는 학자금 마련하기

드디어 말도 많고 탈도 많은 '자녀의 학자금 마련'에 대해 다룰
때가 됐다. 그동안 네 가지 연금술을 배우고 직접 실천해보면서
아이가 있는 부모라면 제법 애가 탔을 것이다.

"대체 아이 학자금은 어떻게 마련해야 하는 거지?"

"언제쯤 아이의 미래를 준비할 수 있지?"

점점 많은 사람이 아이들의 대학 진학에 목숨을 걸고 있다.
물론 나 역시 대학 교육은 매우 중요하다고 생각한다. 아버지로
서 우리 아이들에게 대학에 안 가면 대학에 갈 때까지 사람을

써서라도 너희를 괴롭힐 것이니 각오하라고 협박 아닌 협박을
하기도 했다. 대학에서 받는 양질의 교육은 본격적으로 성인이
되어 맞이하게 될 삶과 직장 생활에 큰 도움이 된다. 나 또한 대
학 교육을 통해 많은 것을 배웠다.

다만 이를 지나칠 만큼 중시하고, 대학 교육을 인생의 궁극적
인 목표로 생각하는 풍토는 경계해야 한다고 말하고 싶다. 나는
지금껏 자녀를 비싼 사립학교에 보내지 못할까 봐 두려워하는
부모들을 많이 만났다. 이번 다섯 번째 법칙을 공부하기에 앞서
먼저 이런 잘못된 사회 분위기를 되짚어보고, 대학 교육이 꼭
필요한지부터 살펴보고자 한다.

학위는 절대
부를 보장해주지 않는다

우리 사회는 대단히 오랫동안 대학 교육이 중요하다고 강조
해왔다. '그래도 대학은 나와야지'라는 말을 귀에 못이 박히도
록 들은 탓에 대학 학위가 누구에게나 꼭 필요한 증서인 것처럼
여기게 됐다. 이 때문에 자녀의 학자금을 대주지 못하는 부모들

이 죄책감을 느끼기도 한다. 심지어 주택담보대출을 갚는 것보다 학자금 마련을 우선하는 이들도 많다.

사실 대학 학위는 단지 그 사람이 어려운 시험을 통과했다는 사실을 보여줄 뿐이다. 필수가 아닌 선택이며, 학위가 있다고 해서 좋은 직장이 보장되는 것도 아니다. 당연히 돈이 보장되지도 않는다. 대학 학위가 있어도 빈털터리 신세인 사람이 허다하고, 심지어 졸업 후 직장을 잡지 못한 채 집에만 머무는 청년들이 점점 늘고 있다. 그들도 대학만 나오면 미래가 보장되고, 성공으로 향하는 고속열차에 올라타리라 생각했을 것이다.

자녀를 대학에 보내고 싶은 이유가 오직 안정된 직장과 성공과 부를 보장해주고 싶어서라면, 당신은 아마 나중에 크게 실망할 수도 있다. 자녀가 대학을 졸업하자마자 직장에 들어갈 생각은커녕 집에서 빈둥거리기만 한다면 실망감은 극에 달하게 된다. 대학 교육과 학위는 그 자체만으로도 대단히 가치 있지만 과신은 금물이다. 대학은 양질의 지식을 배우러 가는 곳이지 성공과 부를 보장받기 위해 가는 곳이 아니기 때문이다.

명심하라.
대학 학위가 당연히 부를 가져다줄 것이라고 생각해 힘에 부칠 만큼 학자금에 돈을 쓴다면, 당신이 예상한 결과를 얻지 못해 고통받게 될 것이다.

대학에서 배운 지식을 인내와 태도와 노력과 결합해 성공할 생각을 해야지, 학위 하나로 모든 것을 이룰 수 있으리라 기대하면 안 된다는 말이다. 대학 학위를 성공을 보장해주는 '램프의 요정'처럼 생각하는 풍토가 만연한 나머지, 우리는 어느새 집안의 기둥뿌리를 뽑아서라도 대학에 보내야 한다고 생각하게 되었다. 40대가 되기 전에 두 번이나 무일푼에서 백만장자가 되어본 사람으로서 나는 자신 있게 여기에 반론을 제기할 수 있다. 백만장자가 되는 데 대학 시절의 지식이 15% 정도의 도움을 주긴 했다. 그러나 단언하건대, 학위 자체가 기여한 바는 단 1%도 되지 않는다. 심리학자인 대니얼 골먼Daniel Goleman도 저서 『EQ 감성지능』에서 이와 같은 설명을 한다. 성공한 사람들을 조사한 결과, 훈련과 교육으로 성공한 비율은 15%인 반면 사고방식, 인내심, 성실함, 미래에 대한 비전으로 성공한 비율은 85%였다고 한다. 대학 교육은 지식을 전달할 뿐이고 성공에 기여하는 바는 아주 미약하다는 사실을 받아들이면 학위를 우상시하고 여기에 몰두할 필요가 없어진다.

생각해보라. 의사에게 진료를 받을 때 "의사 선생님, 제 혈압을 재기 전에 선생님이 어느 대학을 졸업했는지 먼저 알려주세요"
라고 말하는 사람은 없지 않은가? 하지만 우리는 자녀를 대학에
보낼 때 마치 어느 대학에서 학위를 받으면 자동으로 성공이 보
장되는 것처럼 생각한다. 어느 대학에서 학위를 받았는지보다 지
식, 인내심, 성실함, 성품이 성공에 훨씬 더 많은 영향을 미친다.

그렇다면 대학을 '사회생활에 도움이 될 만한 인맥을 쌓을 기
회'라고 바라보는 시각은 어떨까? 일단 당신 자신의 경험부터
돌아보라. 대학에서 만난 친구들 덕분에 돈을 더 벌게 되었는
가? 나는 우정이 중요하지 않다는 말을 하는 것이 아니며, 대학
에서의 친구가 사회생활에 전혀 도움이 되지 않는다는 말을 하
는 것도 아니다. 인맥을 만들겠다는 이유로 감당하기 버거울 정
도의 빚을 지면서까지 대학에 목을 맬 필요는 없다는 것이다.
또한 대학에 가지 않고서도 사회생활에 도움이 되는 관계를 얼
마든지 쌓을 수 있다.

나는 결코 엘리트 교육이나 사교육을 반대하지 않는다. 내가
반대하는 것은 대개 학위와 함께 따라오는 빚, 그리고 충분한
준비 없이 무턱대고 학자금을 빌리는 일이다. 게다가 이를 단숨
에 갚아줄 성공이 학위에 뒤따라올 것이라는 착각까지 하고 있

다면 문제는 더 심각하다. 내가 진행하는 라디오 프로그램에는 연 소득이 2만 5000달러(약 2500만 원)에 불과한데 그 세 배에 달하는 학자금 대출을 갖고 있는 사람들이 빈번히 사연을 보내온다. 대학 학위와 관련한 가장 잘못된 생각은 '어느 대학을 졸업했느냐'를 중시하는 것이다. 누누이 말했지만 가정 경제를 성공적으로 꾸려나가려면 다른 사람들의 평판에 매달리는 것부터 그만둬야 한다.

그러니 자녀의 학자금을 모으기에 앞서 자녀를 대학에 왜 보내려 하는지 그 이유부터 정립하자. 대학 학위에 대해 지나친 환상을 갖고 있지 않다면 등골이 휠 정도로 무리하게 자녀를 대학에 보내지는 않을 것이다. 대학은 물론 매우 중요하지만 자녀가 대학만 간다고 해서 모든 문제가 해결되고 저절로 부자가 되는 것은 아니다. 학위가 학자금 대출을 갚아주지도 않는다. 부모로서 자녀의 교육을 기꺼이 지원해주고 싶은 마음은 이해한다. 다만 자녀의 성공을 위해서는 엄청난 학자금 대출이라도 불사해야 한다고 여겨선 안 된다는 것이다. 자녀에게 대학 학위가 꼭 필요하지 않다면 더더욱 그렇다. 따라서 노후자금이나 비상자금보다 자녀의 학자금을 우선시해서는 안 되며, 대학 때문에 감당할 수 없는 빚을 질 이유도 없다.

온 가족이
함께 노력하라

우선 학자금 저축을 시작하기 전에 대학 등록금이 얼마인지부터 조사해보라. 당신이 대학을 다니던 때와 비교해 얼마나 올랐는지 확인하고, 이를 통해 자녀가 대학에 입학할 때쯤이면 등록금이 어느 정도일지를 가늠해보라. 살고 있는 지역 내 국립대학을 비롯해 사립대학과 2년제 전문대의 등록금 수준이 어느 정도인지도 각각 비교해보라. 전공 분야와 직종에 따라 출신 대학이 중요할 때도 있지만, 대부분 학교 자체는 그리 중요하지 않다. 학벌보다는 개개인의 역량을 중시하는 사회로 변화하고 있기 때문이다. 이런 변화를 고려했을 때, 빚을 지지 않고도 집 근처 국립대학에 다닐 수 있는데 굳이 엄청난 빚을 지면서까지 먼 지역의 사립대학에 다닐 필요가 있을까? 학자금을 현금으로 갖고 있거나 직장에서 자녀의 학비를 지원해준다면 이야기가 달라지겠지만, 그런 경우가 아니라면 굳이 학비가 비싼 사립대학에 보낼 이유가 있는지부터 숙고해보길 바란다.

게다가 대학에 다니면 등록금만 필요한 게 아니다. 몇 년 전, 내가 졸업한 대학의 경영대학 학장님과 만나 이야기를 나눌 기회가 있었다. 그의 말에 따르면 많은 학생이 기숙사를 놔두고 학교 밖 원룸이나 오피스텔에 거주하며, 교내 식당보다는 학교 밖 식당에서 식사를 해결한다고 한다. 이처럼 학교 밖에서 생활하는 학생들은 교내 기숙사에서 생활한 학생들에 비해 평균적으로 매년 5000달러(약 500만 원)를 더 쓴다. 대학 등록금은 물론 생활비까지 대출을 받아 생활하는 학생도 적지 않다. 그렇게 학교생활을 보낸 뒤 학생들은 등록금을 포함해 평균 1만 5000달러(약 1500만 원)에 육박하는 빚을 안고 졸업한다. 사회에 나가기도 전에 이렇게 큰 짐을 지면서까지 학비가 비싼 4년제 사립대학을 고집할 필요가 있을까?

학자금 대출은 마치 암세포와 같다.

일단 대출을 받으면 없애기가 힘들다.

'며칠만' 머무르겠다며 들어와서는 10년이 지나도록 얹혀 사는 불청객 친척 같은 존재다. 《USA투데이》에 따르면 대학생 세 명 중 두 명이 학자금 대출을 받는다고 한다. 흔히 젊은 세대가 부모 세대보다 더 많은 빚을 지게 될 가능성이 높다고 하는데, 요즘 세대가 평균적으로 거의 3만 달러(약 3000만 원)에 이르는 대출을 안고 대학을 졸업하기 때문이다. 그러니 이런저런 조건을 고려한 후에도 자녀가 꼭 대학에 가야 한다면, 지금부터 철저히 저축 계획을 세워 학자금을 모으고 최대한 자녀가 빚을 지지 않은 채 사회에 나오도록 대비해야 한다.

아직 학자금 마련 계획을 세우지 못했거나, 현재 수입으로는 도저히 학자금 마련이 어려운 상황이라 해도 좌절하지 말자. 부모로서 해줄 수 있는 한도 내에서 도와주되, 자녀도 낭비를 줄이고 아르바이트로 생활비를 충당하면 대학 생활은 얼마든지 가능하다. 대학 등록금에 대해 어떻게 생각해야 하는지 그 원칙에 대해서는 충분히 이야기했으니, 이제 학자금을 마련하기 위한 구체적인 계획에 대해 알아보자.

자녀에게
빚을 물려주지 마라

거의 모든 사람이 자녀의 학자금을 미리 저축하는 것이 좋다는 내 의견에 동의하지만, 실제로 미래를 위해 학자금을 착실히 저축하는 사람은 많지 않다. 비영리단체인 대학등록금저축재단이 조사한 바에 따르면, 자녀를 둔 미국인의 35%가 학자금을 대비하기 위한 저축을 전혀 하지 않고 있다고 답했다. 학자금 대출업체인 샐리메이는 2011년에 대학 학자금 저축 플랜인 '529등록금저축예금' 등을 이용하는 가정이 단 14%에 불과하다는 조사 결과를 내놓았다. 86%의 가정이 자녀의 학자금 저축을 위해 아무런 노력도 하지 않는다는 것이다. 대체 무슨 배짱이란 말인가?

이렇게까지 학자금 저축률이 저조한 이유는 무엇일까? 많은 가정이 당장 갚아야 할 빚에 허덕이고, 저축해놓은 비상자금도 없고, 예산도 짜지 않는 등 제대로 된 돈 관리를 전혀 못하고 있기 때문이다. 이들에게는 아직 닥치지 않은 일을 준비할 여유가 없다. 그리고 실제로도 이런저런 문제들을 해결하기 전에 학자금을 저축해봐야 아무런 소용이 없다. 비상자금을 마련해두지 않고 대학 등록금부터 저축하면 갑작스러운 비상 상황이 발생해 애써 모은 대학 등록금을 자동차 수리비나 병원비로 날려버릴 수 있기 때문이다.

만약 갑작스럽게 실직해서 주택담보대출을 상환하지 못하게 되어 집이 압류될 위기에 처했다고 생각해보라. 실직해서 대출금을 갚지 못해 집이 압류가 될 상황이 오기라도 하면 학자금으로 저축해놓은 돈에 손을 대지 않겠는가? 온갖 빚을 갚고 있는 상황이라면 대학 등록금을 저축할 여력이 없는 게 당연하다. 그러나 앞에서의 단계를 차근차근 거치며 여기까지 왔다면 당신에게는 학자금을 저축할 토대와 돈이 준비되어 있을 것이다. 그러니 자녀의 학자금을 저축하기 전에 이제껏 7가지 돈의 연금술을 설명하며 거친 단계들을 반드시 밟아야 한다.

결혼을 하지 않았거나 자녀가 없는 경우 혹은 이미 자녀가 대학을 졸업한 상태라면 이 과정을 건너뛰어도 좋다. 하지만 자녀가 있다면 필수다. 단, 지금까지 배운 연금술을 꼭 수행한 이후에 시작해야 한다는 것을 잊지 마라. 빚을 다 갚고 비상자금이 충분한 상태로 학자금을 준비하기 시작한다면, 어떤 일이 벌어지더라도 학자금으로 저축해놓은 돈을 깰 필요가 없을 것이다.

어떤 상품에
투자해야 할까?

전 세계적으로 대학 등록금의 인상률은 차차 낮아지는 추세다. 그러나 이 같은 사실만 믿고 학자금을 미리 마련해놓지 않는다면 갑작스러운 위기를 맞이할 수 있다(한국의 경우 대학 등록금 인상률이 미국보다 훨씬 낮고, 고등교육법에 따라 직전 3개년 소비자

물가상승률 평균의 1.5배 이하 수준에서만 인상할 수 있게 지정되어 있다-옮긴이 주). 대학 등록금은 애초에 금액 자체가 커서 가계 경제에 미치는 영향이 매우 크다. 그만큼 철저히 대비해야 한다.

따라서 학자금 마련을 위한 저축이라면 평균 수익률이 높은 투자 상품을 골라야 한다. 《USA투데이》에 따르면 자녀의 학자금을 저축하는 미국인 학부모 중 37%가 이자율이 3%에도 미치지 못하는 저축계좌에 돈을 모으고 있었다. 물론 아무것도 안 하는 것보다야 낫겠지만, '해야 할 일이라면 제대로 하라'는 속담도 있지 않은가. 그러니 더 높은 이자율을 노려볼 수 있는 펀드 상품을 찾아보길 권한다.

어느 상품이든 연간 2000달러(약 200만 원) 정도를 납입하길 추천한다. 자녀가 8살이 되기 전부터 연간 2000달러를 학자금으로 저축해두면 어느 대학이든 무리 없이 보낼 수 있는 돈을 모을 수 있을 것이다.

만약 자녀의 나이가 8살 이상이어서 돈 모을 시간이 별로 없거나 등록금이 비싼 대학을 희망하는 경우, 혹은 대학원이나 어학연수까지 고려하고 있다면 보다 수익률이 높은 성장주 펀드를 활용하면 된다. 운용할 수 있는 상품은 다양하므로 여러 펀드를 조합해 유연하게 투자하길 바란다.

대학 등록금 저축은 학자금 대출이라는 좋지 않은 전통을 대물림하지 않도록 예방한다. 그러나 안타깝게도 여전히 대학을 졸업하는 대부분의 젊은이들이 사회에 나오기도 전에 깊은 빚의 구렁텅이에 빠진다. 소중한 자녀에게 이런 고통을 물려주고 싶은 부모는 아무도 없을 것이다. 그러니 지금부터 당장 자녀를 위해 학자금 마련에 착수하라!

부모와 자녀가 함께
노력해야 한다

애석하게도 이 책을 너무 늦게 만난 사람들도 있을 것이다. 만약 이제 막 첫 번째 연금술을 수행한 참인데 2~3년 후 자녀가 대학에 입학해야 한다면 어떻게 해야 할까? 앞서 설명했듯 우선 일단은 대학에 대한 맹목적인 집착부터 내려놓고, 가계 경제에 큰 무리를 주지 않는 선에서 대학을 선택해야 한다. 가능하다면 기숙사에 들어가거나 집에서 통학해 자녀도 돈 관리에 동참하도록 지도하는 편이 좋다.

당장 현금을 잔뜩 만들어낼 순 없더라도 대학 등록금을 해결하는 방법은 무궁무진하다. 자신의 상황에 맞게 잘 찾아보면 적절한 방법을 찾을 수 있다. 학교에서 운영하는 근로장학제도에 지원해 학교 안에서 아르바이트를 하는 방법도 있다. 또한 많은 회사가 인재를 영입하기 위해 대학 등록금을 지원해주는 산학협력 프로그램도 이용해볼 만하다. 산학협력 프로그램은 대학에서 실질적인 지식을 공부하고자 하는 학생들에게 매우 유익하다는 장점도 있다. 대학에 가는 목표가 '양질의 교육을 받아 이후에 도움이 될 지식을 얻는 것'이라면 더할 나위 없이 좋은 기회 아닌가?

방학이나 주말 등 학교에 나가지 않는 동안 집중적으로 아르바이트를 해 학비를 충당하는 방법도 있다. 남들이 기피하는 한여름의 영업 판매직은 보수가 꽤 높다. 게다가 영업 판매 현장에서의 경험은 강의실에서 배우는 마케팅 수업보다 더 값질 수 있다. 내가 아는 청년은 대학에 다니던 시절 여름만 되면 영업 아르바이트를 해서 1만 달러(약 1000만 원)를 벌었다. 재미있는 일화가 하나 있는데, 이 청년은 그다음 학기에 마케팅 수업을 들었고 C학점을 받았다고 한다. 그는 교수를 찾아가 상담을 하던 중 당돌하게도 교수의 1년 소득이 얼마나 되는지 물었다. 집요하게 물은 끝에 교수는 마지못해 자신의 1년 소득이 5만 달러

(약 5000만 원)라고 대답했다. 그 말을 들은 청년은 그길로 학교를 자퇴해버렸다. 마케팅에 대해서는 더 이상 대학에서 배울 것이 없다고 결론 내렸기 때문이다.

물론 이는 치기 어린 행동이다. 아마 나중에는 본인도 그 결정을 후회할 것이다. 하지만 이 학생의 사례를 통해 내가 하고자 하는 말은 '돈을 주고' 다니는 학교에서보다 '돈을 받고' 일하는 아르바이트 현장에서 때로는 더 값진 것을 배울 수도 있다는 것이다. 이 친구는 지난해 120만 달러(약 12억 원)를 벌었다고 한다.

저축과 아르바이트를 통한 학비 마련 외에 내가 가장 권장하는 방법은 바로 장학금이다. 외부 장학금은 매우 다양하다. 물론 당신의 자녀가 이 장학금을 받으리라는 보장은 없지만, 손 놓고 있는 것보다는 훨씬 낫다.

매년 많은 장학금이 제 주인을 찾지 못하고 사라진다. 장학금은 성적이 우수한 학생에게만 주어지지 않는다. 각 지역이나 기업, 단체 등이 조건에 해당하는 학생들을 위해 많은 액수의 장학금을 지원하고 있다. 종교나 성별을 기준으로 설립된 장학금도 다양하다. 조금만 알아보면 인터넷을 통해서도 손쉽게 신청할 수 있다. 내게 사연을 보낸 데니즈라는 학생은 장학금을 샅

샅샅이 찾아내 엄청난 규모의 장학금을 받아냈다. 그녀는 자신이 지원할 수 있는 장학금을 찾아 열심히 목록을 만들었고, 여름 내내 지원서와 자기소개서를 작성했다. 대부분의 장학금은 거절당했지만, 이곳저곳 문을 두드린 덕에 몇 학기치의 장학금을 받을 수 있었다. 다른 집들은 등록금이 없는 현실에 그저 한탄하기만 하며 학자금 대출을 받을 때, 그녀는 자신의 돈을 들이지 않고 학교를 다니는 방법을 찾은 것이다.

내가 소개하는 7가지 돈의 연금술을 착실하게 따르다 보면 학자금 대출을 받지 않고도 자녀를 대학에 보낼 수 있다. 조금 늦게 준비를 시작한 경우라도 인내심을 가지고 잘 알아보면 방법은 분명히 나올 것이다. 당신이 실천하는 돈의 연금술을 보고 자란다면 자녀도 자라서 부모가 되었을 때, 그때 배운 지혜로 빚을 물려주지 않고 자녀를 대학에 보낼 수 있을 것이다.

11장

벌거벗은 채
수영하지 마라

내게는 마라톤이 취미인 친구가 한 명 있다. 그가 마라톤을 했던 이야기를 듣고 있노라면 절로 감탄이 나온다. 집중과 고통이 수반되는 마라톤 훈련 과정은 경탄을 자아낸다. 나 또한 딱 한 번이지만 마라톤 완주를 해봤고 건강을 위해 1년에 몇 번씩 하프 마라톤에 참가하지만, 그에 비할 바는 못 된다. 매년 여러 차례 마라톤을 완주하는 사람들은 세상에서 가장 끈기 있는 사람이 아닐까 싶다.

그리고 마침내 여섯 번째 돈의 연금술까지 이른 당신도 '부자가 되기 위한 마라톤'에 참가해 중간 지점까지 열심히 뛰어온 마라토너라 할 수 있다. 지금까지 정말 잘 뛰었다. 하지만 아직 마라톤은 끝나지 않았다.

마라톤에 익숙한 친구의 말에 따르면 총 42.195km인 마라톤 구간에서 29km 지점을 지날 때, 사람의 힘으로는 도저히 이겨내기 힘든 '사점死點'이 온다고 한다. 근육이 말을 듣지 않고 정신력이 바닥나는 것이다. 고작 한 번 완주해봤지만 나 역시 마라톤을 하며 이 현상을 경험해봤다. 29km 지점에 다다르자 어떤 고약한 목소리가 내 몸과 마음에 말을 걸어왔다. 결승점이 얼마 남지 않았는데 갑자기 완주하고 싶은 마음이 사라졌고, 힘든 훈련을 거치며 단련된 몸도 달리기를 멈추라는 신호를 보내왔다. 의심의 먹구름이 슬그머니 나타나 '과연 내가 끝까지 뛸 수 있을까?'라는 생각을 불러일으켰다. 이윽고 마음속에서 이런 목소리가 나타나 속삭였다.

'29km도 잘 뛴 거야. 42.195km를 완주할 사람은 거의 없어. 너는 할 만큼 했다고!'

7가지 돈의 연금술의 막바지에 이른 당신에게도 이 불청객이 찾아왔을 것이다. 의심은 당신을 탁월함과는 거리가 먼 사람으로 만들고, 결국 평범한 사람으로 남게 할 것이다.

어떤 일이든 잘 시작하는 것보다 잘 끝내는 것이 더 중요하다. 중간에 그만두면 결국 지금까지의 마라톤도 의미가 없어진다는 걸 기억하라.

29km,
유혹의 구간을 극복하라

7가지 돈의 연금술 중 다섯 번째 과정까지 실천한 당신은 현재 집을 제외하고는 어떠한 부채도 없고, 갑자기 수입이 뚝 끊기는 상황이 발생해도 3개월에서 6개월 동안은 생활할 수 있는 비상자금이 있으며, 노후를 위해 수입의 15%를 저축하고 있고, 자녀의 대학 등록금까지 마련하고 있다. 그 정도면 지구 전체 인구 중 상위 1% 안에 든다고 볼 수 있다. 자산도 충분하고, 탄탄한 계획에 따라 돈 관리를 하고 있으며, 어떤 상황에도 흔들리지 않을 뚝심도 갖추고 있기 때문이다. 그러나 여기가 정말 위험한 지점이다. 자칫하면 이 시점에서 '열심히 했으니 이 정도면 됐어'라는 유혹에 넘어갈 수 있기 때문이다.

마라톤으로 치면 지금 당신은 마의 29킬로미터 구간에 와 있다. 유혹에 넘어가지 말고 결승점까지 가야 한다는 마음을 단단히 다지며 다시 신발 끈을 꽉 동여매야 한다. 실제로 이 단계에 도달한 많은 사람이 그동안의 성과에 안주하여 중도에 하차했다가 나중에 후회막심했다. 마지막까지 긴장을 늦추지 않고 절박한 가젤의 심정을 유지하며 달리는 사람만이 결승점을 통과하고 진정한 돈의 주인이 될 수 있다.

지금껏 당신은 불굴의 의지로 쉽지 않은 난관들을 극복해왔다.
고지가 바로 눈앞인데 여기서 주저앉을 것인가?
결승점을 통과한 사람만이 승리의 월계관을 쓸 수 있다.

진정한 부자들과 어깨를 나란히 하는 최후의 승자가 되는 그날까지 다시 한번 박차를 가해보자.

당신이 대출이자를 내는 동안
부자는 돈을 불리고 있다

결승점까지 몇 킬로미터를 남겨두고 당신이 넘어야 할 마지막 장애물은 말 그대로 '완전히' 빚에서 벗어나는 것이다. 갚아야 할 빚이 하나도 없을 때의 기분은 과연 어떨까? 앞서도 여러 번 말했지만 매달 은행에 갖다 바치는 대출이자만 착실히 저축하고 투자했더라면 당신은 벌써 백만장자가 되었을 것이다. 이 또한 여러 번 강조했지만, 당신을 부자로 만들어주는 가장 강력한 도구는 당신이 매달 버는 소득이기 때문이다.

이제 준비가 되었으니 새로운 가능성에 도전해야 한다. 당신은 이 지난한 마라톤을 위해 그간 열심히 체력을 키웠고, 식단도 건강하게 조절했다. 그러니 노력의 결실을 맛보기 위해서는 이 지점에서 멈추지 말고 끝까지 힘을 내어 완주해야 한다. 당신의 소득 중 생활비와 노후자금과 대학 등록금을 위해 저축하고 나서 남은 돈 모두를 '주택담보대출 상환'에 쏟아부어야 할 때다. 치타에 쫓기는 가젤의 심정을 다시 한번 상기하고, 마지막 장애물인 주택담보대출을 뛰어넘어보자.

하지만 당신은 이 대목에서 책을 덮으려고 할지도 모른다. 우리 집 강아지는 내가 말을 걸면 고개를 갸우뚱거리며 이상하다는 듯 쳐다보곤 하는데, 마찬가지로 사람들은 무언가 기존 상식에 반하는 이야기를 들으면 고개를 갸웃거리며 상대방을 이상하게 쳐다본다. 내가 "주택담보대출을 다 갚아야 합니다!"라고 말할 때도 꽤 많은 사람이 저런 반응을 보였다. 그리고 아마 당신도 같은 반응을 보일 것이다. 이런 반응이 나오는 건 두 가지 이유 때문이다.

첫째, 주택담보대출을 완전히 상환할 수 있다는 희망 자체가 아예 없기 때문이다.

둘째, 사회에 만연한 주택담보대출에 대한 잘못된 상식을 진리처럼 신봉하고 있기 때문이다.

사실 이 신화는 굉장히 강력해서 배울 만큼 배운 사람도 주택담보대출을 왜 갚아야 하는지 이해하지 못한다. 나 또한 한때는 몇 가지 잘못된 신화에 사로잡혀 주택담보대출은 절대 갚을 수 없는 빚이라고 굳게 믿었다. 본격적으로 7가지 돈의 연금술을 실천하기 전에 빚과 부에 대한 신화를 타파했듯이, 이번 단계에서는 주택담보대출에 대한 신화를 과감하게 깨부수어야 실천을 시작할 수 있다.

잘못된 상식 : 세금 공제 혜택이 있으니 주택담보대출을 유지하는 것이 더 유리하다.

부의 진실 : 이게 바로 배보다 배꼽이 더 큰 경우다.

앞서 차를 리스하는 문제에 대해 다루면서 세액 공제에 대해 언급한 바 있다. 여기서 또 세액 공제에 대한 잘못된 신화가 나온다. 주택담보대출로 인해 매달 약 900달러(약 90만 원)를 은행에 내고 이 중 830달러(약 83만 원)가 이자라면, 1년 동안 1만 달러(약 1000만 원)의 이자를 내는 셈이다. 이 금액에 대해서는 물론 세액 공제를 받을 수 있다. 그러나 대출을 받지 않고 집을 마련했다면 세액 공제를 받을 수 없으므로 주택담보대출이 있어야 더 이득이라는 잘못된 신화가 상식처럼 퍼져 있다.

반대로 대출을 하지 않아 1만 달러의 세액 공제를 받지 못하고 과세표준 구간에 따라 30%의 세율을 적용받는다고 하자. 당신에게는 1만 달러가 남아 있을 것이고, 여기에 대해 3000달러(약 300만 원)의 세금을 내게 된다. 잘못된 신화에 따른다면 3000달러를 아끼려고 1만 달러를 내는 격이다. 나라면 돈을 빌려준 대가로 700달러나 더 지불하지는 않을 것이다.

아직도 이해가 가지 않는다면 내게 그냥 1만 달러를 보내달라. 그럼 내가 기꺼이 당신 대신 3000달러의 세금을 내주겠다. 이제 이해가 되는가? 그리고 하나 더 기억해둘 것이 있다. 세금 환급액이 크다는 것은 곧 정부가 당신의 돈을 1년 동안 이자 없이 공짜로 썼다는 뜻이다. 약오르지 않는가?

잘못된 상식 : 주택담보대출은 금리가 낮기 때문에 최대한 돈을 빌린 후 그 돈으로 투자를 하는 게 좋다.

부의 진실 : 따져보면 그렇지 않다.

다소 복잡하긴 하지만 계산해보면 왜 많은 사람이 이런 착각을 하는지 이해할 수 있다. 심지어 대학교에서도 낮은 금리로 돈을 빌려 그보다 더 높은 수익을 얻을 수 있는 곳에 투자하라는 잘못된 상식을 가르치곤 한다. 재무설계사 중에서도 8%의 금리로 주택담보대출을 받아 그 돈으로 12% 수익률의 성장주 뮤추얼펀드에 투자해 4%의 수익을 얻는 게 더 유리하다고 조언하는 이들이 있다.

앞에서 뮤추얼펀드는 훌륭한 투자 수단이며 나 역시 꽤 많은 돈을 성장주 뮤추얼펀드에 투자하고 있다고 말했다. 주식 시장은 개장 이래로 평균 약 12%의 수익률을 보여왔고, 뮤추얼펀드와 주식 시장 모두 해마다 등락이 있긴 했지만 지난 10년간 약 12% 성장했다. 따라서 뮤추얼펀드가 12%의 수익을 낼 수 있다는 건 맞는 말이다. 나 역시 뮤추얼펀드에 투자하고 있고, 또 권유하기도 한다.

문제는 8%의 금리로 주택담보대출을 받아 그 돈으로 12% 수익률의 성장주 뮤추얼펀드에 투자하면 그 차액인 4%의 수익을 얻을 수 있다는 생각이 완전히 틀렸다는 것이다. 나 역시 한때 이 잘못된 생각에 현혹당했지만, 세금을 감안해서 계산해보면 금세 틀린 계산임을 알 수 있다.

주택을 이용해 10만 달러(약 1억 원)를 빌렸다고 하자. 이자율이 8%라면 8000달러(약 800만 원)의 이자가 발생하고, 이 10만 달러로 투자해 1만 2000달러(약 1200만 원)의 수익이 발생하면 4000달러(약 400만 원)의 순수익이 남는다. '순수익 4000달러'는 매우 매력적인 조건처럼 보인다. 하지만 여기서 세금을 감안해 계산해봐야 한다. 1만 2000달러의 투자 수익에 대해 30%의 세율을 적용받는다면 소득세로 3600달러(약 360만 원)를 내야 하거나, 자본소득 세율로 치면 2400달러(약 240만 원)를 세금으로 내야 한다. 결국 순수익은 4000달러가 아니라 기껏해야 400달러(약 40만 원), 많아봤자 1600달러(약 160만 원)에 지나지 않는 것이다. 그래도 어쨌든 적게라도 수익을 낼 수 있지 않느냐고? 고려해야 할 것은 이게 다가 아니다.

만약 당신의 옆집에 사는 사람은 빚 없이 집을 소유하고 있고, 당신은 (재무설계사가 권유한 대로) 주택담보대출을 받아 10만 달러의 빚을 안고 있다면 누가 더 위기 상황에 취약할까? 경기가 하락하거나 전쟁이 일어난다는 소문이 있거나 큰 병에 걸리거나 차 사고가 나거나 실직하게 될 때 당신이 빌린 10만 달러는 큰 짐이 되겠지만, 당신의 이웃은 변함없이 평온할 것이다. 빚은 위험을 증가시키고, 위기가 닥치면 그제야 실체를 드러낸다. 리스크는 최대한 짊어지지 않는 게 현명한 선택이다.

그 대표적인 예가 2008년 경제 위기다. 이때 부동산 가격이 폭락하고 시장이 침체에 빠지면서 많은 사람이 집을 압류당했다. 나는 이 당시의 주택 압류 사례를 깊이 있게 조사했는데, 주택 압류의 100%가 주택담보대출로 인해 일어난 것이었다. 안타깝게도 이들 중에는 주택담보대출을 받는 편이 더 이익이라는 재무설계사의 말을 철석같이 믿고 그대로 따른 사람도 있었다. 리스크를 감수하고 투자를 하는 건 알몸인 채로 수영을 하는 것과 같다. 물론 물이 가득 차 있을 때는 아무도 당신이 알몸이라는 사실을 모른다. 하지만 워런 버핏이 말했듯, '썰물이 되어 물이 빠지면 누가 벌거벗고 수영하고 있었는지 드러난다.'

빚은 위험을 증가시킨다. 굳이 레버리지 투자를 하고 싶다면, 순수익이 정확히 얼마가 되는지를 반드시 따져본 후 리스크를 감수할 만큼 큰 수익이 기대된다고 판단될 때에만 투자해야 한다. 만약 뮤추얼펀드에 투자하면 아무 리스크 없이 12%의 수익을 얻을 수 있고, 룰렛 도박을 하면 성공할 시 500%의 수익을 얻을 수 있는 대신 원금을 전부 잃을 수 있다고 하자. 원금을 전부 잃을 수도 있다는 소리를 들은 당신은 두말없이 뮤추얼펀드를 택할 것이다. 상식적으로 누구나 리스크를 비교해서 선택하게 된다. 아무리 엄청난 수익을 얻을 수 있더라도 열심히 모은 재산을 단번에 잃을 가능성이 있다고 하면 그런 위험한 선택을 하지는 않을 것이다. 둘 중엔 당연히 뮤추얼펀드를 선택하는 것이 현명하다.

재무학 대학원 과정에서는 이와 비슷하게 위험 정도를 나타내는 '베타계수'를 이용해 시장 위험을 최소화해 주식에 투자하는 방법을 배운다. 베타계수가 클수록 위험이 큰데, 이 계수를 이용해 위험한 투자 대상과 보다 안전한 투자 대상을 비교하는 것이다. 그러나 안타깝게도 현실의 사람들은 베타계수를 이용해 빚 없이 산 집과 주택담보대출로 산 집을 비교해보지 않는다. 비록 공식은 이해하기 복잡하지만, 당신이 기억해야 할 요점은 간단하다. 빚을 져서 하는 투자는 결코 안전할 수 없다는 것이다. 세금과 리스크를 고려했을 때 주택담보대출을 이용한 투자는 결코 좋은 선택이 아니다. 장기적으로 보면 빚 없이 투자하는 사람이 결국 이기게 되어 있다.

잘못된 상식 : 일단 30년으로 주택담보대출을 받으면 자금을 융통할 수 있는 여유가 생기고, 실제로는 15년 안에 갚으면 되므로 30년 만기 대출이 더 유리하다.

부의 진실 : 세상일은 마음먹은 대로 되지 않는다.

돈 관리를 하면서 하나 깨달은 것이 있다. 우리의 자제력은 생각보다 약하다는 것이다. 우리는 나약한 인간일 뿐이고, 그래서 의지보다 우선해 나를 움직이게 할 '실천하게끔 하는 시스템'이 중요하다. '마음먹은 대로 반드시 주택담보대출을 조기 상환할 수 있을 거야'라는 생각은 자신을 속이는 것이다. 건강한 돈 관리를 위해서는 우리의 부족한 점을 인정하고 보완할 수 있는 장치를 마련해놓아야 한다.

설사 당신이 굳센 의지를 가졌더라도 이에 상관없이 조기 상환을 가로막는 여러 가지 변수가 발생할 수 있다. 가족이 아프거나 차가 고장 나거나 공과금이 예상보다 많이 나오는 등 위기 상황은 곳곳에 도사리고 있다.

그럴 때마다 '다음 달에는 더 많이 상환할 수 있을 테니까 괜찮아'라는 생각으로 자신을 속일 것인가? 환상에서 그만 깨어나라. 조사 결과를 보면 주택담보대출을 계획대로 조기 상환하는 사람은 실제로 거의 없다.

아래의 표는 주택담보대출을 22만 5000달러(약 2억 2500만 원) 받았을 경우 30년 만기 상환과 15년 만기 상환의 상환액을 비교해본 것이다. 표에서도 알 수 있듯이, 30년보다 15년 만기 상환으로 대출을 받았을 때 이자 부담이 훨씬 적다. 30년 만기 상환과 15년 만기 상환의 매달 이자는 550달러(약 55만 원)나 차이가 난다. 15년 더 일찍 대출을 상환하면 15만 달러(약 1억 5000만 원)를 절약할 수 있는 데다가 빚의 굴레에서 그만큼 일찍 벗어날 수 있다.

흥미로운 점은, 지금까지 관찰한 결과 15년 만기 상환을 약정한 사람들은 대부분 15년 안에 문제없이 상환하는 데 성공한다는 것이다. 반면 15년 안에 상환할 수 있다면서 자신만만하게

이자율이 7%일 경우 주택담보대출 상환액 비교

만기 연수	월별 상환액(달러)	총 상환액(달러)
30년 만기 상환	1,349	486,636
15년 만기 상환	1,899	341,762
차이	550	143,874

30년 만기로 대출받은 사람들은 결국 모두 30년에 맞춰 대출을 갚았다.

건강한 돈 관리는 시스템에 달려 있다. 시스템이 있어야 현명한 돈 관리가 이루어지는 법이며, 여기서 15년 만기 상환은 아주 효과적인 시스템으로 작동한다. 30년 만기 상환을 택하는 이들은 좀 더 오랫동안 노예 생활을 하기 위해 15년이 아니라 30년을 택하고, 노예가 된 것에 감사하며 수십만 달러의 이자를 추가로 지불한다. 따라서 주택담보대출을 받을 때는 마치 15년 만기 상환 외에는 선택권이 없는 것처럼 생각하고 그에 맞는 효과적인 시스템을 만들어야 한다.

다만 현재 30년 만기로 담보대출을 받은 상태인데 이자율이 괜찮은 편이라면, 굳이 15년 상품으로 갈아탈 필요는 없다. 30년 만기로 대출받는 편이 훨씬 이자율이 낮다면 30년 만기로 대출을 받되, 15년 만기라 생각하고 15년 안에 갚도록 하라. 단, 이때는 당신의 의지가 얼마나 강한지가 당신의 부를 좌우할 것이다.

잘못된 상식 : 변동금리 대출로 낮은 금리를 활용하거나 만기 일시상환 대출을 이용하는 것이 좋다.

부의 진실 : 잘못하다간 압류로 집을 잃을 수도 있다.

변동금리 대출은 1980년대 초에 도입된 제도다. 그전까지 주택담보대출은 보통 고정금리로, 7%에서 8% 정도의 이율이었다. 그런데 왜 변동금리 대출이 도입된 걸까? 나는 그 당시를 정확히 기억하는데, 경기가 급격히 나빠지면서 주택담보대출의 고정금리가 최고 17%까지 상승했고 부동산 시장이 얼어붙었다. 대출기관들은 이전에 해준 수억 달러의 주택담보대출에 7%의 이자를 받으면서 양도성 예금증서에는 12%의 이자를 지급해야 하는 처지가 되었다. 이처럼 적자가 나는 상황을 해결하고자 시장금리 변동에 따라 대출 금리를 조정하는 변동금리 대출이 생겨난 것이다. 즉, 변동금리 대출은 시장금리가 올라갈 경우의 위험 부담을 소비자에게 전가시킨 상품이다. 현재 주택담보대출 금리는 30년 만에 거의 최저 수준으로 떨어져 있다. 지금 변동금리 대출을 선택하는 것은 현명한 선택이 아니다. 안정적인 보금자리가 되어야 할 집에 위험 부담을 지울 필요는 전혀 없다.

그렇다면 만기 일시상환 대출은 어떨까? 장담하는데 이는 변동금리 대출보다도 더 안 좋은 상품이다. 이자만 조금씩 갚다가 만기가 돼서야 일시에 원금을 상환하는 이 방식은 한꺼번에 갑자기 갚는 방식으로 인해 '풍선 주택담보대출Balloon mortgage'

로 불린다. 이 만기 일시상환 대출은 채무자를 외부적인 위험에 그대로 노출시킨다는 점에서 아주 위험하다. 대출 만기 기간을 3~5년 정도로 짧게 설정해서 만기 일시상환 대출을 받는 것은 머피 잔치라도 열어 머피 여럿을 집에 초대하는 것과 다를 바 없다. 나는 수많은 고객이 만기 일시상환 대출로 인해 머피의 법칙에 빠지는 것을 오랫동안 봐왔다.

그중 한 명의 사례를 들어보겠다. 내게 상담을 요청해온 질의 남편은 이동통신사 직원으로, 젊은 나이에 임원 자리를 바라볼 정도로 승승장구하던 중이었다. 이들 부부는 곧 임원으로 승진할 거라고 확신했고, 수입이 늘어난다면 쉽게 대출을 갚을 수 있을 것이라고 생각해 5년 만기 일시상환 대출로 집을 마련했다. 그녀는 "5년 안에 대출을 모두 갚을 수 있을 거라고 믿어 의심치 않았어요"라고 말했다. 실제로 질의 남편은 대출을 받은 지 얼마 지나지 않아 임원 승진에 성공해 수입이 크게 늘었다. 여기까지는 예상대로였다. 그러나 대출을 받은 지 3년이 되던 해, 예기치 않은 일이 닥쳤다. 질의 남편에게 갑작스런 두통이 찾아왔고, 검진 결과는 충격적이었다. 뇌종양이라는 진단이 나온 것이다. 질 부부가 나에게 상담을 요청해왔을 때 남편은 휠체어 신세를 져야 했고 말조차 제대로 하지도 못하는 상태였다.

비록 예상대로 젊은 나이에 임원이 되기는 했지만, 그는 38세의 이른 나이부터 앞으로도 계속 그 상태로 살아가야 했다. 다행히 생명에는 지장이 없었으나, 더 이상 이전과 같은 생활을 영위하기는 불가능해진 것이다.

질은 갑작스레 장애를 얻은 남편과 자녀를 혼자서 돌봐야 하는 처지에 놓였다. 그럭저럭 생활은 이어나갈 수 있었지만 곧 다가올 일시상환 대출을 갚을 여력은 도저히 없었다. 만기 상환일이 지나자 결국 은행은 압류 절차를 밟기 시작했다. 할 수 없이 이들은 압류를 피하기 위해 집을 헐값에 처분했고, 지금은 월셋집에서 어렵게 삶을 버텨가고 있다. 보라, 앞날을 과신해 대출을 받는 것이 얼마나 위험한가.

잘못된 상식 : 비상 상황에는 후순위주택담보대출을 이용하면 된다.
부의 진실 : 후순위주택담보대출을 이용하다가는 지옥을 경험할 수 있다.

적지 않은 사람들이 할부금, 신용카드 빚, 신용 대출, 마이너스 통장 등 모든 대출 수단을 이용하는 것도 모자라, 이미 주택담보대출을 받고서도 추가로 후순위주택담보대출까지 받는다. 주택을 마련하기 위해서가 아니라 다른 목적으로 집을 담보 삼아 대출을 받는 것이다. 창업, 부채 통합, 급한 소비 등의 핑계를 대며 살아갈 터전을 위험으로 밀어넣는 걸 보면 그저 답답할 따름이다. 이처럼 결과에 대해 심각하게 고민하지 않고 곶감 빼먹듯 후순위주택담보대출을 사용했다가 궁지에 몰린 가족들이 나를 찾아오곤 한다.

미국 은행 업계에서는 후순위주택담보대출Home Equity Loan을 줄여서 '헬HEL'이라고 부르는데, 아이러니하게도 끝에 L을 하나만 붙이면 '지옥'을 뜻하는 'HELL'이 된다. 말 그대로 잘못 썼다가는 무시무시한 지옥을 경험하게 되는 대출이다. 계속해서 후순위주택담보대출을 받다가는 대출 금액이 엄청나게 불어나 결국 주택을 압류당할 수도 있으니 말이다.

평소에 신용카드를 잘 사용하지 않고, 휴가 비용 등 큰 금액도 턱턱 현금으로 지불하던 사람조차 급한 나머지 후순위주택담보대출을 사용하는 우를 범하기도 한다. 그렇게 '한두 번 사용하는 것은 괜찮겠지' 하다가 어느 순간 위험에 빠진다. 갑작스럽게 실직해 후순위담보대출을 받아 생활비로 쓰다가 결국 직장을 제때 구하지 못해 수입이 하나도 없는 상황에 집까지 압류당하는 사태가 일어날 수도 있다. 후순위담보대출은 대출 기간이 1년에서 3년 단위로, 만료되면 다시 심사를 받아야 하기 때문에 갑작스런 위기가 닥쳐오면 이를 수습할 새도 없이 재심사일이 찾아오곤 한다.

에드 부부는 후순위주택담보대출이 얼마나 위험한지 깨닫지 못해 모든 것을 잃었다. 에드는 똑똑한 재무상담사였기에 후순위주택담보대출의 위험성을 충분히 인지하고 있었다. 그럼에도 '나는 괜찮을 거야'라는 함정에 빠졌고, 돈이 급하게 필요한 상황이 생기자 후순위주택담보대출에 손을 뻗었다. 그런데 아내에게 갑작스레 큰 사고가 났고, 이로부터 3개월도 지나지 않아 에드도 해고를 당하는 사태가 벌어졌다. 후순위주택담보대출로 마련한 돈은 빠르게 소진됐다. 이것저것 내야 할 돈들은 쌓여갔고, 금융사들끼리 약속이라도 한 듯 여러 대출 상품의 대출 기간이 비슷한 시기에 만료되어버렸다. 은행은 이들 부부의 낮은 신용점수를 문제 삼아 대출 연장을 허가해주지 않았다. 에드는 은행이 힘들 때 도움을 주기는커녕 자신들을 내동댕이치는 것을 믿을 수 없었다. 지난 17년간은 신용에 아무런 문제도 없었는데 말이다. 부부의 신용등급이 뚝 떨어진 탓에 어느 금융기관도 그들을 구제해주지 않았다. 안타깝게도 부부는 압류를 피하기 위해 집을 파는 수밖에 없었다. 에드의 생각이 틀렸던 것이다. 이들은 급하다고 해서 대출을 받을 게 아니라, 비상자금을 마련해두었어야 했다.

앞서 말했듯 내가 유일하게 크게 반대하지 않는 빚이 주택담보대출이다. 그러나 7가지 돈의 연금술의 마지막 단계에 이른 지금은 주택담보대출을 완전히 상환할, 또는 주택담보대출 없이 집을 살 차례다. 먼저 주택담보대출을 받을 때 주의해서 꼭 지켜야 할 사항이 있다. 첫째로 15년 만기 주택담보대출로 받을 것, 둘째로 매달 상환액이 가계 소득의 25%를 넘기지 않도록 하는 것이다. 이 두 가지가 주택담보대출을 받을 때 준비해두어야 할 최소한의 안전장치다.

나는 절대 그 어떤 빚도 지지 않는다. 그리고 라디오 청취자들과 독자들 중에도 우리 부부처럼 절대 빚을 지지 않는 사람들이 있다. 루크가 그런 경우였다. 라디오의 전화 연결로 그의 훌륭한 이야기를 들어보았는데, 그는 대출을 하지 않고 전액 현금으로 집을 샀다고 했다. 모두가 불가능하다고 생각하는 일을 해낸 것이다. 루크는 꽤 높은 연봉을 받으며 사회생활을 시작했다. 23살의 나이부터 매년 5만 달러(약 5000만 원)를 벌었고, 아내의 연봉도 3만 달러(약 3000만 원)였다. 절대로 남의 돈을 쓰지 말라고 누누이 당부하는 할아버지 밑에서 자란 덕에 그는 빚을 질 생각조차 하지 않았고, 아주 작은 아파트에서 신혼 생활을 시작했다. 한 달 임대료가 250달러(약 25만 원)밖에 되지 않는 허름한 집이었다. 부부는 기본적인 생활비 외에는 거의 지출을 하지 않고 돈을 모았다. 그렇게 3년 동안 8만 달러(약 8000만 원)의 합계 소득 중 매년 5만 달러를 저축했고, 마침내 15만 달러의 집(약 1억 5000만 원)을 대출 없이 사는 데 성공했다. 집을 사서 들어가던 날은 아내의 26번째 생일이었다. 그는 이미 완벽한 돈의 연금술사였다.

루크 부부는 남들이 돈을 쓸 때 열심히 모은 덕택에 지금은 남들과 완전히 다른 삶을 살고 있다. 하지만 이들에게도 장애물은 있었다. 가족과 친구들의 비난이었다. 그들은 루크가 모는 차와 삶의 방식, 꿈을 놀리고 비웃었다. 오직 아내와 그의 할아버지만이 루크의 꿈을 믿어줬다.

당신도 8만 달러의 연 수입이 있는데 갚아야 할 부채가 전혀 없다면 이들처럼 아주 빠르게 큰돈을 모아 부자가 될 수 있다.

하지만 누군가는 연 수입이 그에 한참 못 미치며, 첫 집도 루크보다 훨씬 초라했다고 한탄할지도 모른다. 연봉이 적다면 내 집 장만에 3년이 아니라 5년, 7년이 걸릴 수도 있다. 하지만 연세가 지긋하신 분들에게 여쭤보라. 5년, 7년 정도 인내하고 고생해서 남은 생의 운명을 바꾸는 것이 얼마나 가치가 있는지를. 빚에 쪼들리는 삶의 방식을 대물림해주는 것이 아니라 건전한 돈 관리 방법을 자손들에게 대물림해주는 것이 어떤 가치가 있는지를. 대출 없이 내 돈만으로 집을 사는 것은 충분히 가능하다. 그만 한 고생을 감수하는 사람들을 찾기 어려울 뿐이다.

경제적 자유를 얻은
어느 부부의 특별한 저녁 식사

이제 당신은 빚으로부터 '완전히' 벗어나는 과정인 여섯 번째 연금술을 수행하고 있다. 치타로부터 벗어나려는 가젤의 절박한 집중력을 발휘하면 보통 7가지 돈의 연금술을 시작한 지 7년 만에 주택담보대출까지 완전히 다 갚곤 한다. 너무 긴 것 아니냐고?

지금까지 이 책을 읽은 독자라면 이 책이 '단시간 내에 빠르게' 당신을 부자로 만들어주는 책이 아니고, 그런 책을 믿어서도 안 된다는 걸 잘 이해했을 것이다.

모든 것을 '빨리빨리' 하기 바쁜 사회에서 마지막 단계까지 7년이나 걸리는 책을 파는 건 쉬운 일이 아니다. 이 책은 첫 번째 단계를 완료하는 데만 해도 2년에서 2년 반이 걸린다. 하지만 놀라울 정도로 많은 평범한 사람들이 이 책의 내용을 실천했고, 수만 명이 여기에 열광했다. 결코 쉽지는 않지만 분명한 성과를 내주는 방법이기 때문이다.

나는 주택담보대출을 다 갚으면 세상이 달라 보인다고 말한다. 이것은 사실이다. 주택담보대출을 다 갚으면 친구들과 친지, 이웃들을 초대해 파티라도 벌여보라.

빚 하나 없이 자유를 만끽하고 있는 당신의 모습을 부러워하며 그들도 7가지 돈의 연금술을 기꺼이 배우고 싶어 할 것이다.

우리 회사에는 7가지 돈의 연금술을 성공적으로 실천한 사람들이 보내온 기념품이 진열되어 있다. 지금껏 설명한 내용들이 충분히 가능하다는 것을 경험하고 증명한 사람들이 구기고 자른 신용카드를 보내왔고, 그걸로 조형물을 만들어 전시해놓은 것이다. 그 가운데 인상적인 전시물 중 하나가 잔디가 들어 있는 지퍼백과 편지다. 나는 이것을 켄터키주 루이스의 쇼핑몰에서 직접 받았다. 그 지역의 라디오 방송에 출연한 후 책 사인회를 하는 도중, 얼리샤라는 여성이 내게 이 지퍼백을 건넸다.

그녀의 사연은 평범했지만 사연 끝에 그녀가 맞이한 결말은 특별했다. 얼리샤 부부는 25살에 7가지 돈의 연금술을 알게 되어 여기서 말하는 내용을 실천하기 시작했다. 그들은 내 라디오를 들으며 자신들도 빚에 끌려다니는 인생에서 벗어나기로 결심했다고 말했다. 처음 이 과정을 시작했을 때 이들 부부에게는 2만 달러(약 2000만 원)의 학자금 대출, 1만 달러(약 1000만 원)의 자동차 할부금, 3000달러(약 300만 원)의 신용카드 대금, 8만 5000달러(약 8500만 원)의 주택담보대출 등 총 11만 8000달러(약 1억 1800만 원)의 부채가 있었다. 가계 연 소득이 7만 달러(약 7000만 원)였던 이 부부는 7가지 돈의 연금술을 배우기 시작한 지 6년 만에 모든 가계 빚을 갚고 훌륭한 돈의 연금술사가 되었다. 6년이 지난 후 31살이 된 얼리샤는 경제적 자유를 얻고 웃으며 내 앞에 서 있었다. 그때 그녀가 내게 준 특별한 선물이 바로 자기 집 마당의 잔디가 들어 있는 지퍼백과 편지였다.

"주택담보대출까지 다 갚아서 모든 부채에서 완전히 벗어나니 정말 잔디를 밟는 기분도 다르게 느껴지더라고요."

그녀는 이렇게 말했다. 나는 얼리샤에게 경제적 자유를 누린 지금 어떻게 지내고 있는지 물었다. 대답은 재미있었다. 얼리샤는 남편과 함께 자축을 위해 근사한 저녁 식사를 하러 갈 예정이라고 했다. 그리고 식당에서의 계획을 내게 말해주었다. 메뉴를 처음부터 끝까지 다 살펴보고 자신들이 매월 냈던 자동차 할부금보다 비싼 식사를 하겠다는 것이었다.

이들은 남들이 돈을 쓸 때 돈을 모아야 나중에 남들과 다르게 살게 된다는 말을 실제로 체감한 부부였다. 얼리샤는 경제적 자유를 누리고 있는 지금에 안주하지 않고 마지막 남은 단계로 넘어갈 것이며, 앞으로는 베푸는 삶을 살아가겠다고 말했다. 31살의 젊은 나이에 이 부부는 흔치 않은 부를 일궈냈다. 7가지 돈의 연금술을 성공적으로 실천한 이 부부를 진심으로 축하한다.

12장

당신의 부를 마음껏 자랑하라, 우아하고 품격 있게!

연금술 7 | 즐기고 투자하며 부자가 되는 축복 누리기

이제 당신은 마지막 단계인 일곱 번째 연금술까지 이르렀다. 이로써 당신은 상위 2% 안에 드는 진정한 돈의 주인이 되었다. 갚아야 할 빚이 전혀 없기 때문이다.

이제 고정적으로 대출에 나가는 돈이 전혀 없고, 남아 있는 카드 빚도, 학자금 대출도 없다.

어떠한 빚의 구속으로부터도 자유롭다.

당신이 벌어들이는 수입은 온전히 당신의 통제하에 있다.

결혼을 했다면 매달 배우자와 함께 머리를 맞대고 예산을 짤

것이고, 착실히 모으고 있는 노후자금 덕분에 당신 앞에는 여유롭고 윤택한 노후가 펼쳐질 것이다. 자녀의 학자금도 순조롭게 모이고 있다. 남들이 즐길 때 일하고 즐거움을 희생한 덕택에 실제로 지금은 남들과 다른 삶을 누리고 있다. 땀과 노력을 통해 인생의 진정한 주인이 됐고, 부를 일구는 가장 강력한 도구인 수입은 이제 당신의 말에 충성하는 아군이 되었다.

책임감 있게 돈을 사용하는 3가지 방법

먼저 묻고 싶다.

지금껏 이 힘겨운 7가지 돈의 연금술을 밟아온 당신의 궁극적인 목적은 무엇이었는가?

무엇을 위해 그리 땀 흘려 노력했는가?

그저 적당히 즐기면서 남들처럼 오랜 기간 동안 빚을 갚을 수도 있었는데, 왜 애써 힘든 길을 선택했는가?

왜 이렇게까지 열심히 부를 쌓기를 원했는가?

애초에 당신은 왜 부자가 되고 싶어 한 것인가?

단순히 '부' 자체가 삶의 모든 문제를 해결해주고 걱정으로부터 벗어나게 해줄 것이라 생각했기 때문이라면 그건 틀렸다. 나는 두 번이나 무일푼에서 백만장자가 되는 데 성공했지만, 부자가 됐다고 해서 모든 근심과 걱정이 사라지진 않았다. 오히려 부에는 막대한 책임감이 따른다. 돈 관리를 시작한 지 40년이 되어 은퇴할 시점에 1800만 달러(약 180억 원)의 부를 가지게 된다면, 당신은 그것으로 무엇을 할 것인가?

오랫동안 돈에 대해 연구하고 가르치면서 나는 돈을 잘 사용하는 방법이 단 세 가지로 귀결된다는 결론을 내렸다.

돈은 '즐기고', '투자하고', '베풀' 때 잘 사용할 수 있다.
그 밖의 방법은 우리에게 별로 도움이 되지 않는다.

언젠가 당신이 1800만 달러를 손에 넣게 되었고, 그 부를 통해 편안하고 행복한 삶을 누리고 싶다면 이 세 가지에 돈을 써야 한다. 뿐만 아니라 그 목표를 달성하기 전 부를 쌓는 과정에서도 돈은 이 세 가지 목적만으로 사용해야 한다.

이제 당신은 7가지 돈의 연금술을 통해 필요 없는 군살을 빼 빚을 없앴고, 건강한 심장과 혈관을 만들듯이 비상자금을 저축했으며, 탄탄한 근육과도 같은 노후자금과 자녀의 학자금을 모았다. 7가지 돈의 연금술 중 여섯 가지를 수료하고 마지막 과정에 이른 지금, 당신은 탄탄한 근육과 철인 3종 경기에도 나갈 수 있을 법한 기초 체력을 마련해놓았다. 그 건강한 돈 근육을 혼자만 보고 있기에는 너무 아깝지 않은가? 즐기고, 투자하고, 베풀며 마음껏 당신의 근사한 돈 근육을 자랑해도 좋다.

이제 당신에게
원하는 것을 선물해도 좋다

우리는 각자의 내면에 있는 어린아이에게 조금만 참으면 아이스크림을 주겠다고 오랫동안 구슬려왔다. 이제는 약속을 지킬 때가 됐다. 다이아몬드가 박힌 명품 시계를 사줘도 될까? 출시된 지 한 달밖에 되지 않은 새 차를 사줘도 될까? 으리으리하고 호화로운 집에서 살게 해줘도 될까? 물론이다. 그럴 만한 형편이 안 되는데 무리해서 산다면 문제가 되겠지만, 지금쯤 당신은 그 정도 지출에는 눈 하나 깜짝하지 않을 정도로 넉넉하고 탄탄한 재정을 갖추고 있다. 그러니 지금까지 수많은 욕구를 참고 희생한 당신에게는 충분히 보상받을 자격이 있다.

세 번째 연금술 '여유 비상자금 완성하기'에서 나는 새 차를 사는 것은 돈 관리의 관점으로 볼 때 형편없는 일이라고 비판했다. 자동차는 감가상각이 엄청난데도 많은 사람이 주저하지 않고 큰돈을 쓰는 품목이다. 대개 주택담보대출을 제외하면 월 지출 중 자동차 대출금이 차지하는 비중이 가장 크다. 7가지 돈의 연금술을 실천하는 사람들 중 약 70%가 매달 빠져나가는 상환금을 정리해보면, 그중 가장 큰 비중을 차지하는 것이 자동차 할부금이고 결국 이를 처분해야 한다는 힘든 결론에 도달한다. 차를 처분하지 않고서는 이 과정의 상위 단계로 올라서기가 매우 어렵다. 그래서 내 라디오 프로그램은 늘 '차 팔기 캠페인 프로그램'이 되어버리곤 한다. 어떤 날은 모든 질문에 대한 답이 "그러니까 차를 팔라니까요"라는 말로 귀결되기도 했다. "절대 새 차를 사지 마세요"라는 말은 내 방송을 듣는 청취자들의 귀에 딱지가 앉을 정도로 자주 했을 것이다. 하지만 차 몇 대를 사도 별로 타격이 없을 만큼 넉넉한 재정을 갖춘 사람에게도 중고차를 사라고 할 만큼 내가 가혹하지는 않다. 이쯤 되면 새 차를 사도 아무런 문제가 없다.

종종 청취자들은 내게 어떤 물건을 사도 되겠느냐고 허락을 구하는 사연을 보내오는데, 내가 보기에도 매우 합리적인 물건인데 매우 조심스럽게 이걸 사도 되느냐고 묻는 사람도 있고, 간혹 정말 어처구니없는 물건을 사겠다고 고집을 부리는 사람도 있다. 대부분의 사람이 후자에 해당하기 때문에 나는 "지금은 살 때가 아닙니다"라고 엄격하게 답하기도 하고, "가죽 소파보다는 비상자금이 더 중요하지 않을까요"라며 부드럽게 회유하기도 한다.

라디오 녹음실 안에는 곧 대화를 나누게 될 청취자에 대한 간략한 소개와 그의 사연을 보여주는 스크린이 있다. 얼마 전에는 마이클이라는 남성이 할리데이비슨 오토바이를 사고 싶어 한다는 사연이 떠 있었다. 할리데이비슨은 2만 달러(약 2000만 원)가 넘는 고가의 오토바이로, 평범한 재산을 가진 사람들에게는 지나친 소비에 해당된다. 나는 그 프로필을 보고 마이클이 자동차 두 대에 대한 할부금을 내고 있고, 아이가 둘쯤 있으며, 모아둔 돈은 전혀 없는 남성일 거라고 지레짐작하고 있었다. 가족을 우선시하기보다는 자기 내면의 어린 떼쟁이에게 더 귀를 기울이는 부류라고 생각한 것이다. 그래서 이야기를 듣지도 않은 채 그에게 들려줄 조언을 미리 정해놓고 있었다. 나는 그에게 "할리데이비슨을 사면 절대 안 돼요. 당신은 재정 문제를 제대로 바라봐야 할 필요가 있습니다"라고 따끔한 충고를 날릴 예정이었다. 28세 남성이라면 연 소득은 많아봤자 4만 8000달러(약 4800만 원) 정도일 것이고, 내 라디오에 사연을 보내는 걸 보면 모아둔 돈도 없을 터이니 2만 달러나 하는 고가의 장난감은 가당찮은 지출이라고 속단한 것이었다.

"저는 늘 할리데이비슨을 사고 싶었어요."

그는 이렇게 운을 뗐다. 자신이 그 오토바이를 사도 되는지, 그럴 만한 여유가 되는지 묻고 싶었다고 했다. 나는 할리데이비슨은 많은 남성의 로망이고, 충분히 당신의 소원이 이해가 된다며 먼저 듣기 좋은 말부터 늘어놓았다. 그러고는 제대로 된 충고를 전해주기 위해 여느 때와 같이 마이클의 재정 상황을 파악하는 질문을 던졌다. 나는 우선 그가 작년에 벌어들인 수입이 얼마인지 물었다.

"65만 달러(약 6억 5000만 원)입니다."

'혹시 로또라도 맞은 건가?' 의구심을 지우지 못하며 지난 5년간의 평균 수입을 재차 물었다. 그는 매년 55만 달러(약 5억 5000만 원)쯤 된다고 답했다. 나는 완벽히 헛다리를 짚은 것이었다. 놀라움을 겨우 가라앉히고 이어서 다음 질문을 던졌다.

"그렇다면 투자는 얼마 정도 하고 계시나요?"

"2000만 달러(약 200억 원) 정도 됩니다."

그는 내게 결정타를 날렸다. 이럴 수가! 나는 이렇게 대답할 수밖에 없었다.

"망설일 필요가 있는지 오히려 제가 되묻고 싶군요! 지금 당장 할리데이비슨을 사세요!"

마이클에게는 자신을 위해 2만 달러짜리 선물을 살 자격이 있을까? 당연한 말씀이다. 할리데이비슨 오토바이가 그의 소득에서 차지하는 비중이 평범한 사람들이 햄버거 세트를 사먹는 것과 비슷한 정도라면, 이게 도덕적으로 잘못된 일일까? 돈의 주인이 되기 위해서는 무조건 참아야 할까? 절대 그렇지 않다. 재정적으로나 도덕적으로나 전혀 잘못된 일이 아니다.

이 이야기를 소개하는 이유는, 7가지 돈의 연금술을 통해 이토록 힘겹게 부를 쌓는 이유 중 하나가 즐거움을 위해서라는 것을 분명히 전하기 위해서다.

수백만 달러가 있다면 가족과 해외여행을 떠나도 좋고, 아내 혹은 스스로를 위해 커다란 다이아몬드 반지나 새 차를 장만해도 좋다. 당신과 가족을 즐겁게 하는 일이라면 말이다.

당신이 이제 돈의 주인이 되었고, 완벽하게 경제적 자유를 거머쥐었다면 조금 사치스러운 소비를 한다고 해도 당신이 소유한 재산에는 거의 영향이 없을 터이다. 여행을 좋아한다면 여행을 가고, 옷을 좋아한다면 옷을 사라. 돈은 삶의 즐거움을 위한 수단이므로 이제 당신이 가진 돈으로 즐거움을 누려도 좋다. 죄책감 없이 마음껏 즐거움을 누리는 것도 돈을 잘 사용하는 방법 중 하나다.

잠자는 동안에도
돈이 들어오게 하라

우리 내면에 숨어 있는 어린아이를 계속 챙겨주다 보면 '내면의 어른'은 이내 두려움을 느끼기 시작한다. '이러다가 지금까지 모은 돈을 또 탕진해버리는 것 아닐까?' 우리는 이 목소리도 무시하면 안 된다. 이 어른이 안심할 수 있도록 '투자'라는 게임을 시켜줘야 한다. 투자를 통해 부를 늘리는 것은 마치 게임과 같다. 잃을 때도 있고 딸 때도 있기 때문이다. 영화 「투 윅스 노티스」(2002)에서 배우 휴 그랜트는 부동산 회사의 회장으로 나오는데, 매우 큰 부자이지만 엉뚱한 면이 있는 인물이다. 선망할 만한 인물로는 적합하지 않지만 부에 대해 인상 깊은 명대사를 남겼다. 값비싼 호텔에 사는 그는 여주인공인 고문 변호사역할을 맡은 산드라 블록에게 아무렇지 않다는 듯 이런 대사를 날렸다.

"사실 이 호텔은 제 겁니다. 제 인생은 꼭 모노폴리 같아요."

그렇다. 투자는 모노폴리 게임과 매우 유사하다.
모노폴리 게임을 하다 보면 딸 때도 있고 잃을 때도 있다.
시장 또한 등락을 거듭한다.
하지만 분별 있는 투자자는 일렁이는 파도를 잘 참고 견디며오랜 기간 동안 투자를 계속한다.

간혹 '이제 은퇴할 나이가 머지않았는데 투자한 펀드나 부동산의 가격이 내려가고 있다'라며 몹시 걱정하는 분들을 만나곤한다. 하지만 오랜 기간 동안 좋은 실적을 보여준 종목에 투자했다면 잠깐의 하락세에 두려워할 필요가 없다. 시장은 한 곳에멈춰 있지 않으므로, 가격도 언젠가 회복될 것이기 때문이다.
그리고 저축해서 투자해놓았던 돈이 은퇴하자마자 한꺼번에

다 필요한 것도 아니다. 투자를 통해 나오는 수익 중 일부를 생활비로 써야 할 뿐이다. 따라서 당장 돈이 필요한 것도 아닌데 시장이 바닥을 쳤다고 해서 투자금을 모두 회수하는 것은 어리석은 짓이다. '고점에서 사고 저점에서 팔아라'라는 말은 부를 만들어주는 불패 공식이 아니다. 조금 가치가 떨어졌다 해도 일단 모아둔 돈에서 나오는 수익금으로 생활하며 인내심을 가지고 시장을 관망해야 한다.

나는 자산이 1000만 달러(약 100억 원) 정도가 되기 전까지는 투자를 '단순하게' 유지하라고 조언한다. 복잡한 투자를 하면 삶이 불필요한 스트레스로 가득 찰 수 있다. 나는 뮤추얼펀드와 대출 없는 부동산 투자, 이 두 가지 수단만을 이용해 단순하게 투자한다. 이정도로는 절세 효과까지 톡톡히 누릴 수 있다. 어느 정도 부를 거머쥔 만큼 부동산에 투자해 그 묘미를 누려보는 것도 나쁘지 않다. 단, 빚 없는 투자에 한해서!

또한 자신의 돈을 자기가 직접 관리해야 한다는 것도 잊지 마라. 똑똑한 전문가들의 도움을 받아도 좋지만, 결정은 당신의 몫이라는 걸 항상 기억하라. 스스로 자신의 돈을 책임지고 관리해야 한다. 만약 전문가의 도움을 받을 예정이라면 그들이 정말 똑똑한지 판단할 수 있는 방법을 알려주겠다. 복잡한 문제들을 당신이 이해할 수 있도록 쉽게 설명하는지를 보고 판단하면 된다. 합리적인 근거 없이 자신의 전문성만을 내세우며 조언하는 사람은 선택지에서 과감히 제외하라.

설령 신뢰할 수 있는 전문가를 찾았더라도 투자에 대한 최종적인 책임은 당신에게 있다. 합리적인 설명을 듣고 충분히 숙고한 후 투자해야 한다. 연예인이나 유명 운동선수 등 큰 부를 갖고 있던 유명인들이 돈 관리 책임을 방기해서 전 재산을 잃는 일이 종종 발생한다. 투자한 돈을 잃는다고 해서 당신에게 권유한 투자 전문가가 당신만큼 후회하고 고통에 빠지지는 않는다. 당신에게는 좋은 공인회계사, 세무사, 보험설계사, 투자 전문가, 부동산 중개사, 유산 상속 변호사가 필요하다. 팀 전체를 좌지우지하려 하지 않는다는 전제하에 자산관리사를 두는 것도 나쁘지 않다.

당신의 재산을 위한 드림팀을 고른다면 세일즈맨의 마인드를 가진 사람이나 전문가임을 지나치게 내세우는 사람은 피해야 한다. 진심으로 고객을 도우려는 '스승의 마음'을 가진 사람을 택하는 것이 좋다. 세일즈맨들은 항상 수수료 실적과 단기 성과만을 중시하고, 자신이 전문가라고 강조하는 사람들은 전문성만을 내세우면서 충분한 설명 없이 상품을 권유하곤 한다. 아이러니한 것은 이들의 자산이 당신보다 적을 수도 있다는 점이다. 또한 상담을 받을 때는 상담하는 이가 상담을 통해 어떤 수익을 얻는지를 봐야 한다. 예컨대 보험설계사가 매주 당신에게 새로운 상품을 끝없이 소개한다면 이는 뭔가 문제가 있는 것이다. 이 경우 보험설계사가 수입을 올릴 수 있는 수단이 상품 중개수수료뿐이어서 상품 판매에만 혈안이 되어 있을 가능성이 높다. 물론 수수료만으로 수입을 올리지만 성실하고 정직하게 상담해주는 재무 전문가들도 분명 많다. 다만 상담하는 사람의 진정한 의도가 무엇인지를 잘 살펴볼 필요가 있다.

* * *

물론 상위 2%까지 도달한 것도 대단한 성과다. 하지만 기왕 여기까지 왔으니 조금만 더 노력해 정상까지 가라고 독려하고 싶다. 정상에서 맛보는 기쁨은 어느 것과도 비교할 수 없다.

테네시주의 교외 지역에서 자란 나는 가끔씩 자전거를 타고 언덕을 오르곤 했다. 7살의 나이에 마주한 거대한 언덕은 거의 에베레스트산처럼 느껴졌다. 누가 먼저 언덕을 그렇게 올랐는지는 모르지만, 우리는 그곳에 오를 때 자전거를 지그재그로 몰곤 했다. 똑바로 올라가면 절대 올라갈 수 없기 때문이다. 그렇게 조금씩 조금씩 우리는 높은 언덕을 올랐다. 오르다 보면 몸이 후끈 달아오르고, 한 방울씩 맺히던 땀방울은 금세 빗물처럼 흘러내렸다. 7살의 어린아이가 그 높은 언덕을 오르려면 젖 먹던 힘까지 다해야 했다. 정상까지 오르겠다는 진지한 집념은 얼굴에 자연스럽게 나타났다. 양팔로는 자전거 핸들을 꼭 붙잡고, 발을 내딛을 때마다 힘을 주어 페달을 밟았다. 숨을 씩씩대며 페달을 하나씩 하나씩 밟다 보면 어느새 정상에 다다르곤 했다.

그렇게 열심히 오른 언덕 위에는 무엇이 기다리고 있을까?

우리는 왜 그렇게 힘들게 언덕을 올랐던 걸까?

어떤 냉소적인 사람은 넘어야 할 언덕 위에 또 다른 언덕이 기다리고 있을 것이라고 이야기한다. 반면 어린아이의 순수한 감성이 아직 살아 있는 사람이라면 왜 그렇게 열심히 올랐는지 이해할 것이다. 그리고 실제로 열심히 페달을 밟아 언덕의 정상까지 가본 사람이라면 알 것이다. 언덕 위에는 완벽한 순간이 우리를 기다리고 있다는 사실을. 한 발만 더 내디디면 정상이고, 이제 페달을 밟지 않고도 신나게 언덕을 다시 내려갈 수 있는 짜릿한 순간이 기다리고 있다는 사실을.

정상에 올라야만 느낄 수 있는 완벽한 순간이 있다.

비 오듯 땀을 흘려 힘들게 높은 언덕에 오르면 언젠가는 저절로 웃음이 나오는 순간을 맞이하게 된다.

또한 정상에서는 이제 페달을 밟지 않아도 신나게 내려갈 수 있다는 성취감도 만끽할 수 있다.

자전거를 타고 언덕을 내려오는 길은 정말 즐거웠다. 전혀 힘들이지 않아도 빠르게 내려갈 수 있기 때문이다. 발을 페달에서 뗀 채 핸들만 잡고 있어도 머릿결을 스치는 바람을 느끼며 기분 좋게 언덕에서 내려갈 수 있다. 언덕까지 힘들게 올라온 덕분에 누릴 수 있는 보상이다. 언덕을 오를 때의 힘겨웠던 기억은 따스하게 내리쬐는 햇볕과 귀를 간질거리는 바람에 대번에 사라진다. 그리고 얼굴에는 미소가 퍼진다.

갑자기 이 책에 어울리지 않는 감상적인 이야기를 늘어놓는다고 느낄지도 모르겠다. 하지만 이 넘치는 감정을 넣지 않고서는 정상에 오른 기분을 설명할 수가 없다. 7가지 돈의 연금술을 모두 실천하고 마지막 단계만 앞두고 있는 지금, 돈은 당신보다 더 열심히 일하고 있을 것이다. 돈이 당신보다 더 열심히 돈을 벌게 될 때 비로소 진정한 부자가 되었다고 할 수 있다. 투자 수익으로 마음 편하게 살 수 있을 때를 보고 우리는 '재정적으로 안정되어 있다'고 한다.

이때부터 돈은 당신보다 더 열심히 일한다.

돈은 아프지도 않고, 갑작스런 건강 문제로 일을 그만두지도 않는다.

돈은 24시간 내내 1년 365일을 하루도 쉬지 않고 일한다.

돈은 오직 주인의 확실한 지시만을 필요로 하며, 지시만 있다면 주어진 일을 완벽히 해낸다.

당신은 이제 투자금에서 나오는 8%의 수익으로도 살 수 있는 '경제적 자유'라는 고지에 도달했다. 당신의 투자금에 0.08을 곱해서 나온 금액이 지금 벌고 있는 수입보다 많거나 그 돈으로 생활할 수 있다면, 페달을 밟지 않고도 언덕을 내려올 수 있는 고지에 오른 것이다. 축하한다! 이렇게 계산하면 정점에 도달할 때까지 얼마나 남았는지 알 수 있다. 벌어들이는 수입으로 얼마를 더 저축해서 투자해야 비로소 언덕에 도달하는 투자금을 만들 수 있을지 가늠해보면 자연스럽게 그때까지 몇 년이 걸릴지도 계산할 수 있다.

열심히 오르고 나면 그다음부터는 신나게 내려오는 일만 남는다. 정상 이후를 생각하며 언덕을 올라가는 지금 이 순간을 즐기자. 정점에 도달한 이후로도 여전히 돈 관리는 계속해야 하

지만, 일단 정상에 오르면 힘들이지 않고 언덕을 내려갈 수 있
듯이 돈 관리는 이전보다 훨씬 용이할 것이다.

착한 사마리아인에게는
돈이 있었다

돈을 사용하는 세 가지 방법 중 마지막은 베푸는 것이다. 우
리 내면의 가장 성숙한 자아는 베풀 때 가장 큰 기쁨을 느낀다.
골프를 치러 다니고, 여행을 다니며 삶을 즐기는 것도 끝없이
반복되면 지겨운 법이다. 랍스터가 아무리 맛있어도 배가 부르
도록 먹고 나면 맛이 떨어지는 것과 같다. 투자도 마찬가지다.
모노폴리 게임판을 이리저리 끝없이 반복해서 다니면 흥미가
떨어진다. 특히 정점에 도달한 후가 그렇다. 내가 만나본 건강
한 정신의 소유자들은 하나같이 베푸는 삶에서 활력을 얻었다.
수천 명의 백만장자를 만나본 결과 그들 중 건강하게 살아가는
사람들의 공통점은 '기부'를 많이 했다는 것이었다.
강한 자만이 약한 자를 도울 수 있다.
돈도 마찬가지다.

돈이 있는 사람만이 돈이 없어 어려움에 처한 사람들을 도울 수 있다. 이제 막 걸음을 뗀 아기가 갓 태어난 아기를 들 수는 없지 않은가? 힘 있는 성인만이 안전하게 아기를 들어 올릴 수 있다. 고통에 처한 사람들을 돕는 일도 경제적으로 여력이 있어야 가능하다.

영국의 마거릿 대처 수상은 "사람들은 착한 사마리아인이 선한 의지를 가졌다는 것만 알지, 그가 곤경에 처한 이를 도울 돈도 가지고 있었다는 것은 기억하지 못한다"라는 명언을 남겼다. 착한 사마리아인은 따뜻한 가슴을 가졌을 뿐 아니라, 다친 사람을 보살펴주도록 여관 주인에게 돈을 줄 수 있는 재력이 있었다. 아무리 착하더라도 돈이 없었다면 그는 어려움에 처한 사람을 돕지 못했을 것이다. 돈은 선한 의지를 실천에 옮기게 하는 힘을 준다. 그래서 나는 베풀고 싶다면 우선 돈부터 모으라고 당당히 말한다.

안타깝게도 어려운 사람들을 위해 돈을 쓰는 것을 기피하는 사람들이 있다. 자신이 지금 누리고 있는 것들이 없어질까 봐 두려워하는 것이다. 베스트셀러 저자이자 목사였던 에릭 버터워스Eric Butterworth는 원숭이 사냥꾼들이 목이 긴 유리병을 사용해 원숭이를 잡는 흥미로운 방법에 대해 설명한 적이 있다.

사냥꾼은 고소한 냄새가 나는 땅콩을 병 안에 넣어둔다. 그러면 병 안에서 나는 땅콩 냄새에 이끌려 원숭이들이 병 속으로 손을 집어넣는다. 그러나 땅콩을 쥔 후에는 손을 빼려고 해도 병의 목이 너무 좁아서 손은 빠지지 않는다. 땅콩을 움켜쥔 손을 풀면 뺄 수 있지만, 원숭이들은 땅콩을 포기하지 않으려고 한다. 게다가 병이 너무 무거워서 병을 끌고 도망가지도 못하고, 결국 원숭이들은 옴짝달싹 못하게 되어 사냥꾼에게 그대로 잡히고 마는 것이다. 말 그대로 욕망에 사로잡힌 결과 발생한 비극이다. 원숭이의 행동이 너무 어리석어서 웃음이 나오는가? 하지만 사실 생각해보면 우리도 욕망에 사로잡혀 자유를 잃어버린 적이 얼마나 많았던가.

많은 사람이 다양한 형태로 베푸는 삶을 실천하고 있다. 그중에서 선의를 가진 사람들이 부자가 되어 베푼 몇 가지 가슴 따뜻한 사례를 소개하고자 한다. 내 친구 중 한 명은 매년 크리스마스가 되면 시내에 있는 교회 수에 맞게 75개의 자전거를 산다. 그리고 나서 각 교회의 자원봉사자들과 협력해 열악한 주거 시설에 사는 아이들에게 자전거를 한 대씩 나눠준다. 정부의 생활 지원금으로 힘들게 사는 아이들에게 이 자전거 선물은 큰 힘이 되어준다.

목사인 또 다른 내 친구가 있는 교회에는 '온정의 씨앗'이라는 프로그램이 있다. 익명의 신도가 기부한 5만 달러(약 5000만 원)를 교회의 신도들에게 100달러(약 10만 원)씩 나눠주고, 이를 건네받은 신도들은 개인적으로 형편이 어려운 사람들을 만나 그 돈을 전해주는 것이다. 프로그램의 결과는 놀라웠다. 사람들로부터 상처를 받아 신뢰를 잃었던 사람들이 이 프로그램을 통해 다시 마음을 열었다. 전해주는 사람이나 받는 사람이나 모두 마음이 따뜻해지는 일이다.

돈을 나눠주는
기이한 산타 이야기

《USA투데이》는 몇 년째 크리스마스 때마다 등장하는 한 의문의 산타클로스 이야기를 다룬 적이 있다. 이 이름 모를 산타는 크리스마스 때쯤이면 길거리를 돌아다니며 사람들에게 100달러를 나눠줬다. 아무런 대가 없이 그냥 선물해주는 것이다. 힘든 상황이지만 열심히 살아가는 사람들에게도 돈을 주고,

정말 아무것도 가진 게 없어 괴로워하는 사람들에게도 돈을 전해주었다. 그는 매년 100달러씩 2만 5000달러(약 2500만 원)의 돈을 사람들에게 나눠주었다. 처음에는 캔자스주에서 시작해 그 이후로는 전국으로 확대해갔다. 9·11 테러가 일어난 후에는 뉴욕에서, 그리고 버지니아공대 총기 사건이 일어난 후에는 버지니아주에서 돈을 나눠주었다. 그저 걸어 다니면서 100달러를 사람들에게 건네준 것이다. 이는 사회적으로 대단한 반향을 불러일으켰다.

이 의문의 산타가 나타나게 된 사연은 이렇다. 시간을 거슬러 올라간 1971년, 한 회사의 영업사원이었던 그는 회사가 파산하면서 경제적인 어려움에 처했다고 한다. 식구들을 볼 면목이 없어 집으로부터 멀리 도망친 그는 8일 동안 차에서 지냈다. 그렇게 일주일이 흘렀고 이틀 동안이나 아무것도 먹지 못했던 그는 너무 배가 고픈 나머지 돈도 없이 한 음식점에 들어갔다. 그는 우선 음식을 시켜 먹고 난 후, 음식점의 손님들이 모두 나가기만을 기다렸다가 종업원에게 음식 값을 지불할 지폐를 잃어버렸다는 거짓말을 했다. 종업원에게 이야기를 듣고 사정을 눈치챈 음식점 주인 톰 혼은 그가 앉아 있던 탁자 밑에서 미리 준비한 20달러(약 2만 원) 지폐를 집어들며 "여기 떨어뜨리셨네요"라고 말했다. 산타는 곤혹스런 상황에서 자신을 벗어나게 해주기 위해 음식점 주인이 선행을 베풀었다는 것을 깨달았다. 그는 차를 몰고 집으로 돌아가며 '하나님, 감사합니다. 저도 나중에 돈이 생기게 되면 저 분이 그랬던 것처럼 꼭 베푸는 삶을 살겠습니다'라고 결심했다.

그로부터 20년의 시간이 흐른 1999년, 사업가로 성공한 그는 85살이 된 음식점 주인인 톰의 집에 찾아갔다. 그는 산타 옷을 입고 1971년 당시 굶을 정도로 힘들었던 당시의 이야기를 톰에게 들려주고는, 당시의 20달러가 현재라면 얼마 정도의 가치일지 물었다. 톰은 웃으며 농담조로 "한 1만 달러(약 1000만 원) 정도 되겠죠"라고 대답했다. 그러자 산타는 즉시 1만 달러를 봉투에 담아 그에게 전했다. 톰은 극구 사양했지만 산타는 고집을 부리며 그에게 돈을 안겨주었다. 톰은 고민 끝에 그 돈을 알츠하이머병을 앓고 있는 아내를 위해 쓰기로 했다.

톰은 산타에 대해 이렇게 말했다. "그는 감사나 칭찬을 듣기 위해 선행을 하는 게 아닙니다. 그저 진심에서 우러나온 것이지요." 크리스마스 때마다 수많은 사람들에게 선행을 베풀어온 산타는 "사람들을 기쁘게 해주고 웃음 짓게 해주는 일이 정말 즐겁습니다"라고 말했다. 나는 그의 말을 전적으로 이해할 수 있을 것 같다. 베푸는 삶이 얼마나 즐거운지를 경험해보지 못한 사람은 죽을 때까지 이해하지 못할 것이다.

몇 년 전에 이 산타클로스의 정체가 밝혀졌다. 그는 캔자스주에 사는 래리 스튜어트였다. 암 진단을 받고 살 날이 얼마 남지 않았다는 이야기를 듣자 그가 직접 자신의 정체를 밝힌 것이다. 당시까지 그는 총 130만 달러(약 13억 원)라는 큰돈을 나눠주었다고 한다. 스튜어트는 산타로서 했던 자신의 선행을 다른 누군가가 이어받아 계속해나가기를 소망했다.

즐기고, 투자하고, 마음껏 베풀어라!

물론 즐기고 투자하고 베푸는 일에 얼마를 써야 하는지 정해진 기준은 없다. 그리고 앞서도 말했듯이, 7가지 돈의 연금술을 따르는 도중에도 이 세 가지를 조금씩이나마 실천하면 더할 나위 없이 좋다. 반드시 돈으로 나눔을 실천할 필요는 없다. 무료 급식소에서 음식을 나눠주는 자원봉사는 돈이 한 푼도 없다 해도 언제든 가능하다. 즐거움을 찾는 것도 첫 번째 연금술을 실천할 때부터 시작할 수 있다. 돈이 많이 들어가지 않는 소소한 행복부터 시작해 각 과정을 밟을 때마다 더 다양하고 큰 즐거움을 누려보라. 투자는 네 번째 연금술(노후자금 마련하기)을 수행할 때부터 시작하면 된다. 이 세 가지를 모두 해야 마침내 돈의 주인이 되었다고 할 수 있으며, 돈이 주는 진정한 즐거움을 깨달을 수 있다.

즐거움을 위해 돈을 쓸 줄 모르는 사람은 돈의 이점을 알 수 없고, 투자를 전혀 해보지 않은 사람은 재산을 절대 모을 수 없다. 베푸는 삶을 실천하지 않는 사람은 유리병 속의 땅콩을 움켜쥐고 오도 가도 못하는 원숭이 신세나 다름없다. 결혼을 했다면 배우자와 합의를 통해 이 세 가지를 함께 실천해가는 것이 좋다. 여유 비상자금을 마련하는 단계가 지나 어느 정도 여유가 생기면 세 가지 중 각자 좋아하는 부분에 더 치중하는 방법도 있다. 우리 부부의 경우, 아내는 저축을 좋아하는 체질이라 항상 저축과 투자에 더 심혈을 기울이는 편이고 나는 돈을 쓰는 것을 좋아해서 아내를 즐겁게 해주는 데 돈을 쓰곤 한다. 그리고 우리 둘 다 어려운 사람들을 돕는 것을 좋아한다.

이제 고지가 눈앞이다.

너무 힘들다면 한 번 더 기운차게 페달을 밟아라.

그래도 힘에 부치면 지그재그로 언덕을 오르며 체력을 적절히 안배하라.

분명 당신은 해낼 것이다.

7가지 돈의 연금술을 끝까지 따랐던 수많은 사람들이 약속한다. 언덕 끝까지 오르면 이제 힘들이지 않고 신나게 내려가는 일만 남아 있다는 것을.

자, 이제 함께 신나게 언덕을 내려가보자!

이제 당신에게는 그 어떤 부채도 없다.
미래에 대한 불안감은 집어던진 지 오래다.
품격 있는 노후와 풍요로운 삶만이 당신 앞에 있다.

당신은 간절하게, 통렬하게, 숨이 막힐 정도로
돈의 주인이 되길 원했다.
돈은 당신의 간절한 부름에 달려와
기꺼이 당신의 하인이 되었다.
24시간 내내, 365일 하루도 쉬지 않고 당신을 위해 일한다.

이제 당신의 목표는 품격 있게 부를 자랑하는 것이다.
돈은 우리 삶의 최종 목적지가 아니다.
당신은 이제 다시 출발선에 서 있다.
지혜롭고 자비로운 부자가 되는 길로 걸어 나가보자.

이번에는 긴장하지 않아도 좋다.
새로운 여정은 지금까지와 달리
평탄하고, 아름답고, 즐거울 테니.

지금 당장
고통의 여정에 뛰어들어라

이 책을 처음 읽기 시작했을 때만 해도 당신은 쓸데없는 지출로 인해 군살이 덕지덕지 끼어 있고, 빚은 산더미처럼 쌓여 있는데 저축해놓은 돈은 없어서 개인 트레이너의 도움이 절실히 필요한 상태였을 것이다. 그리고 당신은 이 책을 읽는 내내 당신과 다를 바 없이 평범했던 수많은 사람이 돈 관리 습관을 바로잡고, 경제적 자유를 얻어 행복을 찾은 모습을 보았다. 이제야 내 말이 조금은 이해가 되는가?

이 책을 마무리하면서 나는 당신에게 한 가지를 더 당부하고 싶다. 사실 7가지 돈의 연금술의 진짜 문제는 너무 확실하게 효과를 발휘하는 나머지 '그대로 따르기만 하면 누구나 부자가 될 수 있다'는 것이다. 이걸 읽고 있는 당신은 어이없는 표정을 짓고 있을 것이다.

'아니, 부자가 된다는데 뭐가 문제야?'

내 마지막 부탁은 원하는 만큼 돈을 모아 부자가 된 후 도리어 스스로 쌓은 부에 도취되어 '물질만능주의에 빠지는 것을 늘 경계하라'는 것이다.

실제로 일정 수준 이상의 부는 돈에 대한 심각한 도취를 불러일으킨다. 그러므로 우리는 경제적 자유를 얻은 후에도 늘 건전한 마음으로 돈을 대하고 관리해야 한다. 성처럼 높게 쌓아올린 부는 우리를 안전하게 지켜주기도 하지만, 거꾸로 잘못 대하면 내면의 평화를 파괴하는 적이 되기도 한다.

혹시 통장에 두둑이 쌓이는 돈을 보며 우쭐한 마음이 들거나, 자신이 대단한 사람이라도 되는 듯 자만심이 생기는가?

그렇다면 당신은 진정한 돈의 주인이 아니다.

그 돈은 당신을 돕는 대신 당신의 내면을 점점 갉아먹어 급기야 소진시키고 말 것이다.

아무리 큰 부자라고 해도 돈에 취해 물질의 노예가 되면 행복한 삶을 유지할 수 없다. 프랑스의 저술가 앙투안 리바롤Antoine Rivarol은 "부를 통해 얻은 것이 고작 부를 잃을까 봐 전전긍긍하는 마음뿐인 사람들이 있다"라고 한탄하기도 했다.

사실 일곱 번째 연금술까지만 읽은 독자들은 '데이브 램지는 돈만 있으면 다 행복해진다고 믿는군!'이라며 나를 오해할지도 모르겠다. 전혀 그렇게 생각하지 않는다. 나는 오히려 부는 쌓으면 쌓을수록 더 경계해야 한다고 믿는 사람이다. 베스트셀러 작가이자 저명한 신학자인 랜디 알콘Randy Alcorn은 저서 『돈 소유 영원』에서 물질만능주의의 실체를 낱낱이 파헤쳤다. 그는 미국에 소위 '부자병'이 기승을 부리고 있다고 지적했다. 부자병에 걸린 부자들과 그의 자녀들은 소비를 통해 행복과 위안을 얻으려고 하지만, 아무리 물건을 사들여도 헛헛한 마음을 채우지 못하고 결국 허무함과 우울증에 빠져 자살을 선택한다고 한다. 아무리 재산이 많아도 관 속까지 그 재산을 가져갈 수는 없다. 부와 물질은 분명 우리에게 놀라운 힘을 선사하지만, 물질 숭배에 빠져 부 자체만을 탐닉해서는 절대 안 된다.

우리 부부는 자녀들에게 부 자체보다는 '부의 지혜'를 물려주고자 노력한다. 그래서 아이들에게 공짜로 돈을 쥐어주는 대신 직접 일해서 돈을 벌게 하고, 그 돈을 저축하라고 이야기하며, 허투루 돈을 낭비하지 말되 베푸는 일도 게을리해선 안 된다고 교육한다. 다행히 아이들은 이런 우리 부부의 교육관을 따라주었고 지금도 잘 지키며 살고 있다.

딸이 10살이 되었을 무렵 내게 이런 말을 한 적이 있다.

"데이브 램지의 딸로 사는 게 얼마나 힘든 일인지 아세요? 일해서 용돈을 벌어야 하는데 그 돈으로 기부까지 시키시다니, 정말 너무해요!"

딸의 투덜거림을 듣고 나는 이렇게 대답해주었다.

"너는 언젠가 우리의 재산을 물려받을 텐데, 그 재산이 너에게 독이 아닌 약이 되길 바라는 마음에서 이토록 엄격하게 가르치는 거란다."

7가지 돈의 연금술이 진정한 효과를 발휘하기 위해서는 '돈이 삶의 모든 문제를 해결해주지 않는다'는 걸 반드시 이해해야 한다. 그래야 당신과 당신의 가족 모두에게 행복한 결과를 안겨줄 수 있다. 더 나아가 부란 삶에 활력과 즐거움을 주는 도구이지만, 동시에 책임도 따른다는 점을 명심해야 한다. 재미있게도 부라는 녀석은 본래 그 사람이 갖고 있는 내면의 모습을 더욱 강화시킨다. 사악한 사람이 부자가 되면 부를 사악하게 쓰며 사회에 피해를 끼친다. 반면 마음이 따뜻한 사람이 부자가 되면 부를 통해 그 따뜻한 마음을 다양한 방법으로 세상에 내보인다.

악의 근원은 부에 대한 집착이지, 부 자체가 아니다. 나는 부나 돈 자체를 '악'이라고 호도하는 정치단체와 종교 단체가 있다는 사실에 깜짝 놀랐다. 다윗과 솔로몬 등 세계사에 등장하는 위인들을 생각해보라. 그들은 모두 대단한 부자였다. 여러 단체들이 부를 무조건 부정적으로 바라보는 사고방식은 도저히 납득할 수 없다. 부 자체는 악의 근원이 아니며, 부를 가졌다는 사실만으로 악한 존재가 되는 것도 아니다. 가난한 사람 중에도 악한 사람이 있기 마련이지 않는가.

철학 교수이자 목회자였던 달라스 윌라드Dallas Willard는 저서 『영성 훈련』에서 부를 '사용'하는 것은 부를 소모하는 것이고, 부를 '믿는' 것은 부가 줄 수 없는 것에 허망하게 기대는 것이지만, 부를 '소유'하는 것은 부를 어떻게 사용할지 결정할 권리를 갖는 것이라고 말했다. 우리는 부를 완전히 내 것으로 만들어 자유자재로 부리되 선한 의도로 사용해야 한다.

당신은 선한 사람인가? 그렇다면 인류의 행복을 위해 기꺼이 부를 쟁취하라. 만약 부를 소유하는 것 자체가 악의 근원이라면 세상의 모든 부는 자동적으로 사악한 사람의 차지가 될 것이다. 이는 곧 선한 사람은 부를 가질 수 없으므로 사악해져야 한다는 어처구니없는 논리가 된다. 오히려 당신이 선하다면 앞장서서 부자가 되어 부를 선한 의지로 사용해야 하지 않겠는가? 부 자체를 악의 근원으로 생각해 세상의 모든 착한 사람이 가난해지는 길을 택한다면, 모든 부는 마약 밀매업자나 성매매업자 등 사악한 이들의 손아귀에 들어가고 말 것이다. 다시 한번 강조하건대 부는 절대 악의 근원이 아니다.

이제 돈의 주인이 된다는 것이 단순히 '부자가 되는 것'에만 국한되는 이야기가 아니라는 사실을 알았을 것이다. 7가지 돈의 연금술을 시작하면서 우리는 가장 먼저 거울에 비친 자신의 모습부터 직시했다. 거울에 비친 사람과 마주하는 일은 단순히 돈뿐만이 아니라 이제껏 살아온 당신의 삶을 돌아보는 행위다.

성공한 부자들은 돈만이 아니라 '삶 전체'를 관리했다.

돈 관리의 80%가 실천이므로 돈 관리를 올바르게 하다 보면, 기존에 무의식적으로 해오던 나쁜 삶의 루틴도 다시 평가하고 올바르게 행동하게 될 것이다.

당신이 이 책에서 밝은 희망을 얻기를 바란다.

이 책에 실린 경험담을 읽고 나도 할 수 있겠다는 희망, 설사 지금은 돈 때문에 괴롭더라도 언젠가는 극복할 수 있겠다는 희망, 품위 있는 노후를 누릴 수 있다는 희망, 자녀들에게 빚이 아닌 지혜를 물려줄 수 있겠다는 희망, 엄두도 못 냈던 베푸는 삶을 살 수 있겠다는 희망 말이다.

이제 예비 연금술사로 분할 시간이다. 책을 덮고 여기에서 배운 연금술들을 실제로 수행해보자. 이 방법은 아주 오랜 시간 동안 효과를 발휘해왔다. 당신과 나처럼 평범했던, 아니 삶의 구렁텅이에 빠져 허우적대던 수만 명의 사람이 지극히 상식적이고 단순한 7가지 돈의 연금술을 통해 빚에서 벗어나 부자가 되었다. 그러니 당신도 할 수 있다!

당신이 다음 성공 스토리의 주인공이 되리라 믿어 의심치 않는다. 뛰어들어라!

돈 또한 간절히 당신의 부름을 기다리고 있다.

옮긴이 고영훈

성균관대학교 경영학과와 동대학원 신문방송학과에서 공부했다. 캐나다에서 근무한 후 귀국해 바른번역 아카데미를 수료했다. 현재는 출판번역가 모임 바른번역의 회원으로서 번역 활동을 하고 있다. 역서로는 『1page 혁명, 실리콘밸리가 일하는 방식』, 『왜 제조업 르네상스인가』, 『크립토애셋, 암호자산 시대가 온다』 등 다수의 경영서 및 자기계발서가 있다.

돈의 연금술

초　판 1쇄 발행 2020년 1월 29일
개정판 1쇄 발행 2021년 9월 28일
개정판 2쇄 발행 2021년 11월 1일

지은이 데이브 램지
옮긴이 고영훈
펴낸이 김선식

경영총괄 김은영
책임편집 문주연 **디자인** 윤유정 **책임마케터** 이고은
콘텐츠사업1팀장 임보윤 **콘텐츠사업1팀** 윤유정, 한다혜, 성기병, 문주연
마케팅본부장 이주화 **마케팅2팀** 권장규, 이고은, 김지우
미디어홍보본부장 정명찬
홍보팀 안지혜, 김재선, 이소영, 김은지, 박재연, 오수미, 이예주
뉴미디어팀 허지호, 임유나, 배한진 **리드카펫팀** 김선욱, 염아라, 김혜원, 이수인, 석찬미, 백지은
저작권팀 한승빈, 김재원 **편집관리팀** 조세현, 백설희
경영관리본부 허대우, 하미선, 박상민, 김민아, 윤이경, 이소희, 이우철, 김재경, 최완규, 이지우, 김혜진

펴낸곳 다산북스 **출판등록** 2005년 12월 23일 제313-2005-00277호
주소 경기도 파주시 회동길 490
전화 02-702-1724 **팩스** 02-703-2219 **이메일** dasanbooks@dasanbooks.com
홈페이지 www.dasan.group **블로그** blog.naver.com/dasan_books
종이 IPP **출력** 영진문원 **후가공** 평창피앤지 **제본** 정문바인텍

ISBN 979-11-306-4121-8 (13320)

다산북스(DASANBOOKS)는 독자 여러분의 책에 관한 아이디어와 원고 투고를 기쁜 마음으로 기다리고 있습니다.
책 출간을 원하는 아이디어가 있으신 분은 다산북스 홈페이지 '투고원고'란으로 간단한 개요와 취지, 연락처 등을 보내주세요.
머뭇거리지 말고 문을 두드리세요.